給所有人的世界哲學史

羅伯特・索羅門、凱瑟琳・希金斯——著

黃煜文——譯

A Passion for Wisdom

Robert C. Solomon
Kathleen M. Higgins

A Very Brief History of Philosophy

推薦序

你與哲學的距離

黃大展（新竹高中歷史老師兼任圖書館主任）

你喜歡問「為什麼」嗎？從內在自我到外在世界都充滿不解，想尋找答案？

「哲學」對你來說是什麼？

提到「哲學」，你腦中浮現出高中歷史、公民課本裡提到的哪些人？或者你會想到每年六月，法國高中生的哲學會考，每年看到題目，然後檢討臺灣的高中生不可能會寫出來，然後覺得自己很遜。而上述這些都和現實的自己無關？

「哲學史」好讀嗎？

試想歷史上那麼多的哲學家，每位都有其學思歷程，光是想像就令人卻步，但這本《給所有人的世界哲學史》輕薄短小，以精簡的方式讓我們掌握不同時代的觀念與特色，加上譯文流暢可讀性高。

前言提到：「哲學的故事並非哲學家的集體傳記，而是一幅觀念世界的抽象畫。」既然是「一幅」，主要視角以西方為主，從柏拉圖到後現代主義，但為了要從全球視野來捕捉人類的普同性，第一部份仍簡述了各種傳統，從古美洲到西藏，從雅典、耶路撒冷、印度到中國；既然稱「觀念世界的抽象畫」，鋪陳的重點不在思想家的生平、不是要熟記各式理論，而是要了解哲學思想的動態演變，以及各個時代的核心問題。作者認為：「哲學的璀璨之處不在於細節，而在於廣度；我們希望讀者能讚嘆人類智性、熱情與想像的歷史廣度，而非其歷史深度。」

在許多單元以歷史介紹開啟篇章，將人放在歷史的舞台上，瞭解其所思所想對時代的回應。

這本書可以怎麼讀？

本書除前言外，分成三部分：「世上有終極真理嗎？」、「信仰與理性」、「從現代性到後現代主義」，共三十七個單元。

若依「時序」，可讀出不同時代的觀念與變化，也可以讀到同一時期對於時代的不同反映。當然，跳讀也是一種方式，從你熟悉或喜歡的標題、時代、哲學家入手；反之亦可。作者將思想觀念吸收後採通俗語句書寫，同時也帶著「史家」之筆結論式的評價這些觀念。或許某些觀點與你的認知不相同，會讓你會想要進一步找原典來閱讀，重新啟動你的好奇與思考。

走出一元的框架

最後一個單元「哲學發現『他者』——後現代主義的問題」提出性別議題、歐洲之外世界的哲學，在全球化、多元主義去中心論，哲學不再是「真理」的討論，而是一種「論述」。沒有標準答案會讓你焦慮嗎？作者的結論很值得我們繼續思考：「哲學一直是最能代表人性的學問，我們現在需要的或許不是更精微的思考，而是更大的包容。我們……應該成為更好的聆聽者。畢竟，哲學是包容世上所有思想的學問，是對智慧的愛好。」

你還認為哲學跟你無關嗎？不要擔心「人類一思考，上帝就發笑」，就繼續翻頁閱讀吧！

推薦序

哲學是什麼？

鄭凱元（哲學新媒體共同創辦人、執行長）

會翻開本書的朋友應該都對哲學有一些基本的興趣。這種興趣可能是來自於教科書的介紹，或者是曾聽聞過一些思想家的觀念或想法，讓你開始對哲學這門學問感到好奇：到底哲學是什麼？哲學家在做什麼？為什麼他們要提出這麼多奇奇怪怪的問題，又給出一堆讓人摸不著頭緒的理論？如果你真的有意更進一步了解哲學，那本書是一個相當好的入門之道。

本書分為三部分。第一部將眼光放在公元前六至四世紀世界各地的文明發展，探討源自於各地宗教信仰和理性之間的辯論而初次登場的哲學思潮。包括中東的古希伯來猶太教、波斯的祆教，古印度時期的印度教、佛教與耆那教，中國先秦時代的儒家、道家與墨家思想，古希臘以蘇格拉底劃分前後兩時期的哲學發展，最後論及（一般讀者或許不太熟悉）的非洲部族主義、北美洲印第安人的「萬物有靈論」，以及中美洲的馬雅、印加與阿茲特克文明的宇宙觀。作者呈現的時空範圍龐大，多元紛陳的思想發展，得以讓讀者一窺在文明初期，人類開始運用理性去認識世界並超越自然的企圖心。

第二部與第三部的內容則是走傳統西方哲學史的書寫路線。第二部在扼要介紹西方三大宗教——猶太教、基督教與伊斯蘭教——以及日本禪宗興起後，焦點集中在中世紀歐洲的經院哲學的發展，以及其後的文藝復興、宗教改革、近代科學的出現與啟蒙運動，直到工業革命與資本主義興起。在這個階段，哲學家的角色有了劇烈變化：從一開始試圖調和信仰與理性之間的衝突，在後來變成抵抗宗教與政治勢力干涉、捍衛理性與個人權利的思想推手。哲學的發展從仰望上帝而轉向科學與理性自身。

其後，哲學家逐漸認識到理性的限制與非理性在人類文明中扮演的角色。在第三部，作者們描繪十八世紀晚期德國觀念論的發展、十九世紀美國實用主義興起、西歐著重邏輯學與語言分析所催生的早期分析哲學，以及研究意識本質結構的現象學。當時哲學家們對理性、普遍真理抱持樂觀的信心，受到來自心理學、社會學，乃至邏輯學本身的挑戰，以及兩次世界大戰帶來的衝擊。二戰時的法西斯主義激起了邏輯實證主義與存在主義兩種不同的哲學反抗路線，在二戰後則出現了反思理性與現代性、挑戰西方傳統的女性主義與後現代主義。

從本書的視角變化來看，或可說作者們將哲學的發展視為人類發揮理性、追尋智慧，乃至認識自己的一段漫長歷史：哲學始自人們對世界的敬畏與驚奇，讓哲學家們持續不懈地提出探問與解釋，這些探問後來轉向了人類自身，甚至深入到反省探問能力本身。本書能讓那些對哲學有興趣的讀者概略掌握哲學史的知識，更重要的是能為一般讀者帶來宏觀與多元的心靈視野。

目次

第二部 信仰與理性

第三部 從現代性到後現代主義

書中出現的哲學家

- 亞伯拉罕（Abraham, 約 1900 B.C.E.）：猶太教、基督教與伊斯蘭教等宗教的先知。上帝與其立約，使得猶太教將猶太人視為「選民」。
- 阿肯那頓（Aknaton, 約 1400 B.C.E.）：埃及法老阿蒙霍特普四世，古希伯來人、早期埃及一神論者。
- 摩西（Moses, 約 1220-1200 B.C.E.）：猶太教的先知，代表著作為《摩西五經》。
- 泰利斯（Thales, 約 640-546 B.C.E.）：普遍被認為是希臘最早的哲學家，屬於米利都學派，其著名觀點為「世界由水構成」。

- 瑣羅亞斯德（Zoroaster, 約 660-583 B.C.E.）：道德一神論的開創者，首先開始思考「惡的問題」：上帝何以容許世上存在這麼多痛苦與惡行？
- 阿那克西曼德（Anaximander, 約 610-545 B.C.E.）：米利都學派哲學家，反對泰利斯的觀點，並認為，宇宙的根源是人類無法知覺的「無限」。
- 畢達哥拉斯（Pythagoras, 約 581-507 B.C.E.）：畢達哥拉斯學派創立者。反對米利都學派的唯物論觀點，主張宇宙的基本成分是數與比例。
- 色諾芬尼（Xenophanes, 約 570-480 B.C.E.）：前蘇格拉底時期古希臘哲學家。他認為神祇是人類虛構而成，並主張一神論。
- 阿那克西美尼（Anaximenes, 約 550 B.C.E.）：阿那克西曼德的學生，同屬米利都學派。批評老師的宇宙論，並主張氣才是構成世界更為根本的元素。
- 赫拉克利圖斯（Heraclitus, 約 535-470 B.C.E.）：前蘇格拉底時期古希臘哲學家。以其晦澀難解的風格聞名。他認為，唯一不變的是，宇宙一直在變。
- 老子（570-510 B.C.E.）：春秋時代的中國思想家，被尊為道家始祖。主張重視自然的道家思想。

- 孔子（551-479 B.C.E.）：東周春秋晚期的中國思想家，儒家創始人暨代表人物。發展出一套以社會與政治為核心的儒家思想。
- 佛陀（約 566-486 B.C.E.）：古印度思想家、佛教奠基者。他認為我們對宇宙及自身的認識都是幻象，人唯有看穿此幻象才得以超越人世苦難。
- 巴門尼得斯（Parmenides, 約 500-450 B.C.E.）：前蘇格拉底時期古希臘哲學家。他認為變化並不存在，真實的實在是永恆不變的「一」。
- 高爾吉亞（Gorgias, 約 483-375 B.C.E.）：古希臘前蘇格拉底時期詭辯學派學者。以修辭技巧建構荒謬的論證，顯示「證明」的荒謬性。
- 普羅塔哥拉斯（Protagoras, 約 490-420 B.C.E.）：詭辯學派中著名的詭辯家。對知識本質具備敏銳的洞察，其名言為「人是萬物的尺度」。
- 伊利亞的芝諾（Zeno of Elea, 約 475 B.C.E.）：前蘇格拉底時期古希臘哲學家，亦是巴門尼得斯的學生及支持者。其以歸謬論證的悖論聞名。
- 墨子（約 479-381 B.C.E.）：春秋末戰國初期的中國思想家。反對孔子的儒家思想，強調透過「兼愛」才能達成至善社會的倫理理想。

- 約伯（Job, 約 400 B.C.E.）：《約伯記》中的主角。為人正直，卻遭受許多磨難與考驗。《約伯記》旨在彰顯，即使世上充滿不義，人仍應保有信仰。
- 蘇格拉底（Socrates, 約 469-399 B.C.E.）：古希臘哲學家。透過街頭問答迫使人意識到自身的無知，進而踏上尋求真理的道路。而後被指控腐蝕青年思想，遭到判刑並處決。
- 德謨克利圖斯（Democritus, 約 460-370 B.C.E.）：古希臘哲學家、「原子論」創始者。主張多元論：世界是由各種不可分割的「粒子」構成。
- 柏拉圖（Plato, 427-347 B.C.E.）：古希臘哲學家、蘇格拉底最為傑出的門徒，也是亞里斯多德的老師。其撰寫的對話錄為哲學史上第一部完整的哲學論著。柏拉圖哲學的核心為「理型論」。
- 莊子（約 369-286 B.C.E.）：戰國中期的道家思想家。認為人類幸福取決於個人能否順應自然而為。
- 亞里斯多德（Aristotle, 384-322 B.C.E.）：古希臘哲學家、柏拉圖的學生。其關懷為德行的養成，而他的哲學的核心是「目的論」。

- 孟子（約372-289 B.C.E.）：戰國時期的儒家代表人物。認為人性本善，對於人類為善的能力抱持樂觀的態度。
- 皮浪（Pyrrho, 360-270 B.C.E.）：古希臘懷疑派哲學家、懷疑論的鼻祖。他認為所有的信仰都很荒謬，因為沒有任何事物是可知的。
- 伊比鳩魯（Epicurus, 341-270 B.C.E.）：古希臘哲學家、德謨克利圖斯的門徒，伊比鳩魯學派的創始者。其核心信仰為心靈的平靜。
- 季蒂昂的芝諾（Zeno of Citium/ Zeno the Stoic, 約336-265 B.C.E.）：古希臘哲學家，斯多葛學派創始者。
- 荀子（約316-235 B.C.E.）：戰國時期的儒學思想家，與孔子、孟子齊名。主張人性本惡，不過仍可藉由理智培養自我與為善。
- 耶穌基督（Jesus Christ, 約5 B.C.E.-30 C.E.）：基督教信仰的中心人物，亦是上帝的化身（聖子）。
- 斐洛（Philo, 約20 B.C.E.-40 C.E.）：首位援引希臘哲學來詮釋聖經的猶太思想家。
- 聖保羅（St. Paul, 約10-65）：與斐洛同為希臘化猶太人，早年致力於迫害基督徒，而後改宗成為早期基督教最具有影響力的傳教士。

- 愛比克泰德（Epictetus, 約50-125）：古希臘—羅馬時期的斯多葛哲學家，出生即為奴隸。
- 奧理略（Marcus Aurelius, 121-180）：羅馬帝國的皇帝，也是斯多葛學派哲學家。
- 龍樹（Nagarjuna, 約150-200）：印度佛教哲學家、大乘佛教中觀派的創立者，也是哲學史上的「辯證鬼才」。
- 普羅提諾斯（Plotinus, 約205-269）：新柏拉圖主義哲學家。強調柏拉圖思想的宗教傾向，並且嘗試融合柏拉圖形上學與基督教神學。
- 恩皮里庫斯（Sextus Empiricus, 約200-300）：懷疑論者。從皮浪發展起的懷疑論思想，一直到恩皮里庫斯才在羅馬建立學派。
- 聖奧古斯丁（St. Augustine, 354-430）：羅馬帝國末期的早期基督教神學家、哲學家。其自傳《懺悔錄》至今仍是相當大膽且坦白的自我省察。
- 穆罕默德（Muhammad, 570-632）：伊斯蘭教的重要先知及創立者，信仰阿拉為唯一真主。其追隨者將他視作最後一位、也是最偉大的先知。

- 金迪（al-Kindi, 約800-866）：波斯哲學家。受亞里斯多德及普羅提諾斯的影響，認為萬物都由神聖太一一連串的流出所構成。
- 紫式部（約978-1015）：日本平安時代的女性小說家。其著作《源氏物語》被公認為世上第一部小說。
- 清少納言（約966-1025）：日本平安時代的女性作家。她的日記《枕草子》是日本文學最重要的一部作品。
- 阿維森納（Avicenna, 980-1037）：阿拉伯哲學家。與金迪相同，他也認為真主理智的流出形成了層級，我們的世界是最低的一層。
- 聖安瑟姆（St. Anselm, 約1033-1109）：經院哲學初期代表人物。以論證上帝存在的本體論論證聞名。
- 亞培拉（Peter Abelard, 1079-1142）：經院哲學時代的邏輯學者。其名聲因指稱理論與唯名論立場而廣播。
- 阿威羅伊（Averroës, 1126-1198）：中世紀伊斯蘭哲學家。拒絕流出說與新柏拉圖主義，認為真主主動介入世界，並且完全了解自己的創造物。

- 邁蒙尼德斯（Moses Maimonides, 1135-1204）：生於西班牙、移居埃及的猶太哲學家。受亞里斯多德的影響，其代表作為《解惑指南》。
- 道元（1200-1253）：早期禪宗最重要的人物，推廣一種專門進行冥想的姿勢，稱為「坐禪」。
- 阿奎納（Thomas Aquinas, 1225-1274）：經院哲學最重要的代表人物。深受亞里斯多德的影響，主張將理性用以學習自然世界真理，啟示則屬於超自然世界。
- 艾克哈特（Meister Eckhardt, 約1260-1328）：最為人熟知的基督教神祕主義者，由於其論述疑似反對正統教義，而遭教宗責難。
- 宗喀巴（Tsong Khapa, 1357-1419）：西藏四大派別中政治影響最為深遠的創立者，代表作《菩提道次第廣論》是總攝佛教哲學的經典。
- 馬基維利（Niccolo Machiavelli, 1469-1527）：文藝復興時期的義大利哲學家、政治學家。著有《君王論》、《戰爭的藝術》等現代政治、軍事重要著作。
- 哥白尼（Nicolaus Copernicus, 1473-1543）：文藝復興時期的波蘭天文學家。主張宇宙的中心是太陽，其科學觀點對教會造成重大衝擊。

- 伊拉斯謨斯（Desiderius Erasmus, 約 1466-1536）：荷蘭聖經學者，最著名的作品是諷刺當時代的《愚神禮讚》。
- 馬丁・路德（Martin Luther, 1483-1546）：德國神學家、宗教改革的先鋒。一五一七年十月三十一日，他在威登堡教堂大門釘上九十五條論綱，點燃了宗教改革。
- 喀爾文（John Calvin, 1509-1564）：法國宗教改革家。主張預定論，認為上帝已經預先選定誰能得救與誰下地獄。
- 阿維拉的德蕾莎（Teresa of Avila, 1515-1582）：西班牙神祕主義者。
- 蒙田（Michel de Montaigne, 1533-1592）：法國道德哲學家，其懷疑人類是否有能力找到真理，或者一旦找到真理，是不是有能力認識真理。
- 培根（Francis Bacon, 1561-1626）：現代科學傳統的建立者，其成就為理論化科學與一般知識，並闡明了實驗方法。
- 伽利略（Galileo Galilei, 1564-1642）：開展「新科學」的科學家，並因發展新科學而飽受天主教會壓迫。
- 霍布斯（Thomas Hobbes, 1588-1679）：同屬新科學先鋒，同時也是現代政治理論影響最為深遠的建構者。

- 笛卡兒（René Descartes, 1596-1650）：現代哲學之父，亦為理性論者，堅持同時轉向主觀性與邏輯運用來論證如何得到客觀性，。
- 巴斯卡（Blaise Pascal, 1623-1662）：法國哲學家、數學家，同時也是神學家。
- 斯賓諾莎（Baruch Spinoza, 1632-1677）：理性論者、猶太自由思想家，但並未受到猶太社群的歡迎。主要作品為《倫理學》。
- 洛克（John Locke, 1632-1704）：英國經驗論傳統的先驅，並認為「知識皆來自感官」。
- 萊布尼茲（Gottfried Wilhelm von Leibniz, 1646-1716）：以邏輯學家與形上學家的形象聞名於世，與笛卡兒、斯賓諾莎同為理性論者。
- 牛頓（Isaac Newton, 1642-1727）：物理學家，其對科學的影響以及他為世界樹立的典範，已成為十八世紀的代表。
- 維科（Giambattista Vico, 1668-1744）：早期的反科技人士，並反對笛卡兒及其理性論與演繹法。

● 柏克萊（George Berkeley, 1685-1753）：愛爾蘭主教、經驗主義哲學家。承接洛克的經驗主義，進一步主張觀念論：世界實際上是由觀念構成的。

● 伏爾泰（Voltaire, 1694-1778）：法國啟蒙運動最著名與最有影響力的哲學家，將啟蒙運動與洛克的思想引入法國。

● 愛德華斯（Jonathan Edwards, 1703-1758）：新英格蘭清教牧師，認為人類「生來敗壞」，唯有透過上帝恩寵才能找到救贖。

● 休謨（David Hume, 1711-1776）：蘇格蘭懷疑論哲學家。將經驗主義發展到極致，進而成為徹底懷疑論者。

● 盧梭（Jean-Jacques Rousseau, 1712-1778）：與伏爾泰同為當時深具影響力的啟蒙哲學家，其著名的作品為《愛彌兒》與《社會契約論》。

● 亞當．斯密（Adam Smith, 1723-1790）：自由企業體系之父。他的《國富論》被譽為資本主義的聖經。

● 康德（Immanuel Kant, 1724-1804）：啟蒙運動最終的哲學支持者，他嘗試區分科學、道德與宗教，並且在其中尋求理性。

- 傑佛遜（Thomas Jefferson, 1743-1826）：美國獨立宣言的主要起草人。受其影響，「人民」這個新發明的詞彙得以成為政治學的核心。
- 赫德（Johann Herder, 1744-1803）：提倡新日耳曼精神的詩人、哲學家，有別於康德對理性的重視，赫德關注於感受。
- 邊沁（Jeremy Bentham, 1748-1832）：英格蘭效益主義哲學家。確立「效益主義」之名，也是第一位完整論述效益主義的哲學家。
- 黑格爾（Georg Wilhelm Friedrich Hegel, 1770-1831）：德國觀念論哲學家。承接康德，並奠定了現今所知的哲學史，為哲學領域添加了歷史向度。
- 詹姆士・彌爾（James Mill, 1773-1836）：約翰・彌爾的父親，也是效益主義的支持者。
- 叔本華（Arthur Schopenhauer, 1788-1860）：德國哲學家。因其悲觀主義、對黑格爾的反感而聞名於世。其哲學採納佛教的第一聖諦：生命是苦。
- 愛默生（Ralph Waldo Emerson, 1803-1882）：承繼康德、黑格爾的新英格蘭超驗主義者。提倡自主，並結合啟蒙與帶有進步觀點的歐洲浪漫主義。

- 費爾巴哈（Ludwig Feuerbach, 1804-1872）：務實的唯物論者，其名言為：「你吃什麼，你就成了什麼」。
- 約翰・彌爾（John Stuart Mill, 1806-1873）：效益主義的集大成者，其為個人權利理論的辯護也成為「自由主義」的古典說法。
- 達爾文（Charles Darwin, 1809-1882）：英國地質學家、生物學家。提出撼動聖經對創世記載的演化論。
- 齊克果（Søren Kierkegaard, 1813-1855）：存在主義的先驅，認為存在不只是「在某處」，還要選擇自身的存在，並且投入某種生活方式中。
- 道格拉斯（Frederick Douglass, 1817-1895）：美國廢除奴隸制度運動的主要倡導者。
- 梭羅（Henry David Thoreau, 1817-1862）：離群索居的隱士作家，他撰寫的〈公民不服從論〉提倡以不合作運動作為達成重要社會改革的和平手段。
- 馬克思（Karl Marx, 1818-1883）：德國唯物論、黑格爾主義哲學家。轉化黑格爾哲學，認為歷史總是充滿「有產」與「無產」之間的階級衝突。
- 皮爾斯（Charles Sanders Peirce, 1839-1914）：實用主義之父，同時也是發展符號學

理論的邏輯學家。

- 詹姆斯（William James, 1842-1910）：實用主義代表人物，強調經驗的重要性，並創造了「經驗流」一詞。
- 尼采（Friedrich Nietzsche, 1844-1900）：德國哲學家，代表著作為《查拉圖斯特拉如是說》、《悲劇的誕生》。
- 弗雷格（Gottlob Frege, 1848-1925）：德國數學家、邏輯學家，現代邏輯學、分析哲學的奠基者。
- 佛洛伊德（Sigmund Freud, 1856-1936）：奧地利心理學家、精神分析學派創始人。為二十世紀建立了思索心靈、人性的架構。
- 胡塞爾（Edmund Husserl, 1859-1938）：德國數學教授，在德國經驗論者的影響下完成了算術哲學，而後開展出現象學。
- 杜威（John Dewey, 1859-1952）：二十世紀實用主義的中心人物，其實用主義風格又稱為「工具主義」，視觀念為有助於解決實際問題的工具。
- 柏格森（Henri Bergson, 1859-1941）：法國哲學家，提出「綿延」觀念，也就是變遷的實在。

- 懷德海（Alfred North Whitehead, 1861-1947）：數學家，與羅素共同撰寫巨作《數學原理》。
- 烏納穆諾（Miguel de Unamuno, 1864-1936）：著名的西班牙哲學家，以優雅筆調寫出「生命的悲劇性意義」，說出生命的焦慮、殘忍和沮喪。
- 韋伯（Max Weber, 1864-1920）：德國社會學家，重要著作為《新教倫理與資本主義精神》，闡述新教形塑了資本主義及現代西方社會結構。
- 克羅齊（Benedetto Croce, 1866-1952）：在維科之後的義大利哲學家，並繼承黑格爾的思想，認為人性的歷史就是自由逐漸抬頭的歷史。
- 杜博斯（W. E. B. Du Bois, 1868-1963）：美國社會學家及民權運動者，提出對美國黑人身分認同之複雜性的分析。
- 甘地（Mahatma Gandhi, 1869-1948）：印度國父，印度民族主義運動，多被尊稱為「聖雄甘地」，並以「非暴力抗爭」對抗英國的做法為人所知。
- 羅素（Bertrand Russell, 1872-1970）：英國經驗論者、唯物論者，主張原子論與極簡主義：將世界的複雜及我們的經驗化約為最簡單的「原子」。

- 維根斯坦（Ludwig Wittgenstein, 1889-1951）：維也納哲學天才，其重要著作為《邏輯哲學論》與《哲學研究》。
- 海德格（Martin Heidegger, 1889-1976）：德國哲學家、胡塞爾的學生，其哲學關懷聚焦在存在的問題，重要論著為《存有與時間》。
- 馬塞爾（Gabriel Marcel, 1889-1973）：法國哲學家。屬於二十世紀深具影響力的宗教存在主義學派，並受到齊克果的啟發。
- 沙特（Jean-Paul Sartre, 1905-1980）：法國哲學家，首創「存在主義」一詞。
- 哥德爾（Kurt Gödel, 1906-1978）：二十世紀最偉大的邏輯學家之一，其重要貢獻為提出「歌德爾不完備定理」。
- 卡繆（Albert Camus, 1913-1960）：法國著名的存在主義作家，以戲劇性的「荒謬」觀念捕捉到二十世紀的「感受」。
- 西蒙・德・波娃（Simone de Beauvoir, 1908-1986）：法國女性主義、存在主義哲學家，其論著《第二性》為二十世紀最具影響力的作品之一。

● 麥爾坎・艾克斯（Malcolm X, 1925-1965）：美國民權運動者，尤為反對種族壓迫。

● 金恩（Martin Luther King, Jr., 1929-1968）：美國民權運動領袖，受梭羅〈公民不服從論〉的啟發，起而對抗帝國主義與種族厭迫。

前言　哲學是不斷進行的熱情

哲學的故事是人類自我覺察與人類對世界感到驚異的歷史。簡言之，哲學的故事是集體與個人對智慧的愛好，它同時包含宗教、神話、文化自我認同、個人自我認同與科學等領域的起源。哲學的故事展現在各時代哲學家的思想與教誨之中，不僅如此，它也能廣泛地勾勒出更宏觀的趨勢、運動與流行觀念的框架——十九世紀的日耳曼哲學家稱之為在時光中流轉的「時代精神」（Zeitgeist）。個別的哲學家當然也在這場戲劇中扮演著重要角色，然而，占據舞台中央的並不是他們，而是他們創造、發現或提倡的觀念。因此，哲學的故事並非哲學家的集體傳記，而是一幅觀念世界的抽象畫。

在本書中，我們試圖呈現的是這幅抽象畫的其中一個版本。我們要從哲學的全球性中（或多或少）捕捉普世的人性，然而，我們的視角不可避免地局限於西方。儘管如此，本書第一部分仍廣泛囊括了各種傳統，從古美洲到西藏，從雅典、耶路撒冷到印度，以及從柏拉圖通往後現代主義的路徑。當然，這些主題的相關討論早已汗牛充棟，其中能簡要說明的卻少之又少。我們認為，哲學的璀璨之處不在於細節，而在於寬廣；我們希望讀者能讚嘆人類智性、熱情與想像的歷史廣度，而非其歷史深度。

本書是《哲學簡史》（*A Short History of Philosophy*, Oxford, 1996）簡化後的版本。我們省去許多編輯評論，並且節略了對當代哲學的介紹。與《哲學簡史》相同的是，我們在本書中也審慎不去討論任何在世的哲學家。我們缺乏完善的視角判斷、甚至猜測，時下流行的哲學思想哪一種在十年後仍能引起興趣或具有影響力，也不能指出哪一種哲學思潮具有重要性或是不具任何意義。我們更不願意讓人誤以為哲學只是歷史上的珍奇之物，只是過去的遺跡。哲學應該是動態且不斷進行的熱情，能持續走出新方向，包括不斷重新檢視自己的歷史。我們很高興有這個機會參與這段永無止境的歷程。

第一部

11

「發現」非洲與美洲之前的時代

世上有終極真理嗎？

1 初始

思想萌芽之初

回顧整部人類史，哲學與哲學家的出現似乎是個耐人尋味的現象，就像生物體內輕盈而不真實的分泌物，無法輕易用生理學或物理的必然性加以解釋。或許，哲學這個以「無用」著稱的活動，是人類腦部過度發達的副產品，也是人類思想侵襲並試圖超越日常經驗的結果。哲學肯定是人類擴充語言使用所引起的併發症，它用語豐富，且多為抽象與自覺的概念，取代了僅僅用在實際生活與表情達意的聲響。然而，就某種形式而言，哲學觀念是普世性的，例如對自然與自然力量的看法，以及對人死後靈魂寄居何處所產生的疑問等等，這樣的哲學觀念起源可上溯至幾萬年前的史前時期。尼安德塔人（Neanderthals）舉行喪葬儀式，表示他們相信人死後仍繼續存在。關於靈魂與眾神，以及其他人類感官知覺不到的存在與力量，人類對這些事物的觀念也有很長遠的歷史。對於自然的好奇不只是出於實用的考量，也是發自內心的驚奇，這種感受也可以上溯到舊石器時代晚期居於歐洲大陸的智人克羅馬儂人（Cro-Magnon）。至於諸多概念，包含：集體的自我認同與正義，不只是風俗與共同生活的習慣，還有對神話，以及領土、權力與社群的合理解釋……這些無疑要比「文明」早好幾個世紀出現。

大約在公元前六至四世紀之間，世界各地開始出現清晰而完整的哲學觀念與思想體系。不管是環地中海與中東地區，還是印度與中國，都紛紛出現了「哲學家」這樣的人物，這些偉大的哲學家各自樹立了不同的哲學傳統，流傳千年而不墜。在中東，古希伯來人發展了「一神」概念，並且自稱是上帝的「選民（chosen people）」。在希臘，哲學家發展出最早的自然科學理論。在中國，道家發展出與希臘迥然不同的自然觀，孔子則發展了關於社會與「君子」強而有力的概念，至今仍主導著中國思想。在古印度，早期印度教理論家（吠檀多學派〔Vedantists〕）討論了古《吠陀》（*Vedas*）所描述的世界之本質與起源，並且創造出豐富的神祇與偉大觀念。

各地文明的累積

哲學沒有單一起源，然而，假定哲學思維如奇蹟般突然出現在世界各地，則不免過於天真。商隊橫亙亞洲，環地中海區、尼羅河上下游以及現在的中東地區則充斥著遠程貿易。古希伯來人是游牧民族，印度是各種文化的交會處，而埃及是日後希臘哲學基礎觀念的發源地。此外，地中海南部也有著偉大文明，除了埃及之外，還包括努比亞（Nubia，今依索比亞）及尼羅河上游地區。這些文化有著精巧的天文學體系、高深的數學、體大思精的靈魂觀，而且沉迷於來生問題。希臘哲學有許多重要觀念，包括幾何學與「靈魂」概念，或多或少直接得益於外來文化。事實上，古希臘的偉大「奇蹟」精確來說並非文明的起點，而是其他文明累積的結果；它是漫長歷史發展至此達成的顛峰，然而，關於其起點我們已不復記憶。

最古老的哲學發源地

信史中最古老的哲學或許來自於印度，印度教（Hinduism）已經有數千年歷史。印度教不只擁有為數驚人的神祇，也留下了眾多哲人、玄思以及對世界的洞察。古印度教經典《吠陀》出現在公元前一千四百年，而評釋《吠陀》的《奧義書》（*Upanishads*）則出現在公元前八百年。佛陀在世時，印度哲學已經出現自由思想論辯與神祕主義（mysticism）傾向（徹底信仰生命神聖與非暴力的耆那〔Jamism〕教也在此時出現）。印度哲學已經為「梵」（Brahman）的概念辯護了數個世紀，有些人堅持「梵」完全獨立於人類日常經驗，非人類所能感知。佛陀從印度教經典中發展出新觀點，認為我們日常對宇宙及自身的認識都是一種幻象。早期吠檀多學派與佛陀都認為，唯有看穿對塵世與自身的幻覺，才能超越人世的苦難。在佛陀的名號下，其追隨者發展出豐富的理論，包含：知識、自然、自我與熱情、人體與疾病、心靈與情感，以及語言與我們構思現實的方式等。

對一神的信仰

古希伯來人當然是古代世界另一股深具影響力的哲學力量。早在基督之前數千年，他們的一神觀念與神授律法概念已經為「西方文明」布置好了舞台（十誡或許是古希伯來人在公元前一千年制定的教規中的一部分）。在耶穌基督之前，雖然古希伯來人未能出現一位足以和孔子、佛陀或蘇格拉底相提並論的哲學家，但是古希伯來思想家的確留給我們一部歷史上最具影響力的著作：希伯來聖經，或稱「舊約」。《創世記》堪稱是哲學上數一數二重要的一本書，即便一開始是以宗教作品的面貌出現，但同時也是歷史、社會學，有些人甚至認為它是科學。

一神觀念並非古希伯來人首創，他們也不是第一個擁有龐大法律體系或相信自己是「選民」。早在公元前十四世紀，埃及法老阿蒙霍特普四世（Amenhotep IV，阿肯那頓）就已經崇拜一神；漢摩拉比統治時期（約 1730-1685 B.C.E），巴比倫人已經擁有體大思精的法典，希伯來人教規即脫胎於此；而幾乎每個部族與社會都認為自己是獨特的，至今人類社會仍是如此（只要聽聽每個國家的國歌就能理解）。古希伯來人的傑出成功之處，在於他們創造、反省與傳述自身故事的本領；他們將自己描述為與上帝立約的強健民族，儘管最終因為自己的所作所為招致各種災害的磨難，卻終究倖存下來。

同樣也是在中東，波斯地區出現了一個名叫瑣羅亞斯德（Zoroaster）的人，他開創了總括性的道德一神論。我們可以想像，瑣羅亞斯德曾受到古希伯來人、早期埃及一神論者阿肯那頓，以及印度《吠陀》（瑣羅亞斯德的觀念與《吠陀》極為類似）多大的影響。有人可能不認為瑣羅亞斯德是一神論者，因為他信仰的神祇不只一個。儘管如此，瑣羅亞斯德主要尊崇眾神中最有力量的造物主阿胡拉・馬茲達（Ahura Mazda），並提出強而有力的善惡觀念作為世上的主動力量。根據瑣羅亞斯德的說法，阿胡拉・馬茲達屬於善的一方，但是每個人都兼具善與惡的特質。瑣羅亞斯德比羅馬帝國末期北非的早期基督教神學家、哲學家聖奧古斯丁還早一千年開始思索所謂「惡的問題」：上帝何以容許世上存在這麼多痛苦與惡行？日後摩尼教（Manicheans）面對這個問題時，道德二元論就轉變成宇宙間善與惡的戰爭，而其思想所形成的瑣羅亞斯德教也讓波斯躋身世上最強大的帝國之林。

中國思想的核心：和諧

公元前六世紀，中國已經發展出高度的政治文化，同時間，整個社會卻也處於動盪中。因此，孔子發展出一套幾乎完全以社會與政治為核心的哲學。孔子談論和諧關係、領導與政治家風範、人際間相處與啟迪人心之道，並且要求人們趨善避惡。儒家的中心目標在於定義與培養出通往和諧社會的道路（「道」）。在政治巨變下，孔子提出如此深具野心的想法絕非偶然，因為當時正值中國歷史最黑暗的時期。與同時期的佛陀不同的是，孔子並沒有建立宗教的意圖，也不以抽象的哲學智慧或預言來引領國人；然而，孔子死後受到整個社會的尊崇與奉祀，而儒家思想（通常與佛教相提並論）現在也成了世上三分之一人口信仰的宗教。

同樣是在公元前六世紀，中國出現了第二位哲人（或可能是一群哲人）。一位名叫「老子」的思想家，發展出另一條通往和平與啟蒙的道路（「道」，希臘文「diké」常譯為「正義」，原來也意指「道路」）。與同時期的孔子不同的是，老子更看重的是自然，而非人類社會。孔子認為激烈的情感是「不自然的」，這意味著在君子循規蹈矩的生活中，不應該有激烈的情感。老子正好相反，他比孔子更信奉自然，而且更能包容粗鄙無文的庶民所擁有的熱情情感。對孔子來說，至善的生活方式是遵循祖先立下的傳統，也就是榮譽與尊重；對老子來說，「道」是更神祕的東西。「道」不可言傳，也不可明說，任何祕方、指南或哲學都無法解釋「道」。老子的《道德經》有云：「道可道，非常道；名可名，非常名。」然而，這並不表示人們無法遵循「道」過生活，道家的意旨即在於指導人們依照自己的方式過生活。

孔子與老子共同界定了中國哲學的內涵。他們都強調「和諧」是社會與個人的理想境界，堅持主張涵蓋一切或「整體論的（holistic）」人類生活概念，並且重視個人在大環境中所處的地位。對儒家與道家而言，個人特質的發展是生活的主要目標，但他們所說的「個人」並不具個人主義的意涵。對儒家而言，個人就是社會；對道家而言，個人就是與自然的關係。不管儒家與道家在自然與社會的重要性上意見如何相左，中國思想家全都同意「和諧」在人類生活中的必要性，也同意廣義的「個人」要比狹義的個人更重要。

值得一提的是，中國的科技傳統要比西方科技的發展更為久遠；例如，中國人比西方早了數世紀發明火藥、麵條和眼鏡。不過，中國人對科學總是抱持實用與實際的態度，並非為科學而科學；尤其儒家思想重視社會和諧遠超過科學理論。亞洲輝煌的科技史與懷抱理想「追尋真理」並沒有太大的關聯。道家雖然強調自然，本質上卻與科學無關。佛教則認為，科學與自然知識不斷進展的觀念只是人類另一個巨大的幻覺。接下來，我們終於來到古希臘哲學，但也別忘記這些亞洲哲學的觀點。

古希臘哲學：從命運的悲劇性尋找根本秩序

希臘人是印歐民族的一支，原本過著游牧生活，後來往南進入愛琴海地區，取代當地居民成為愛琴海新主人。希臘人起初並不以發明見長，然而隨著地中海貿易日漸昌盛，希臘人也開始引進其他民族的文化成果。從腓尼基人身上，希臘人取得了字母、一定程度的科技，以及積極進取的新宗教觀念。在埃及，希臘人學到了日後決定希臘建築的模式、基本的幾何學，以及早期希臘「神祕」宗教中一些深具異國風味的觀點。此外，希臘人從巴比倫（今日的伊拉克）引入了天文學、數學、幾何學與其他極具宗教色彩的想法。埃及冥王歐西里斯（Osiris）搖身一變，成了希臘酒神戴奧尼索斯（Dionysos）。到了公元前六世紀，對戴奧尼索斯的強烈而神祕的崇拜影響了整個希臘思想，希臘人相信人性有一半出於自然，另一半來自神性。姑且不提其他詮釋，這個觀念也意味著人類擁有永恆生命：套句十七世紀英國哲學家霍布斯（Thomas Hobbes）的名言，對於一個生命經常是「污穢、野蠻而短暫」的世界而言，這倒不失為一種受歡迎的說法。

希臘哲學便是從這種融合了神話學、神祕學與數學的環境中孕育而生。最早興起的希臘哲學家發現，自己身處在一個既受人欽羨卻又極度危弱的世界。希臘文化豐富且具有創造力，周圍卻環伺著虎視眈眈的競爭對手。偉大文化突然遭到入侵並從已知世界的地圖上消失，在當時並非罕見之事；即便躲過戰爭的禍害，通常也會遭受自然的蹂躪，瘟疫如無聲的大軍橫掃各個城市。生命難以預測且充滿悲劇，因而顯得格外珍貴且令人扼腕。「最好是不要出生，」戴奧尼索斯的導師西勒努斯（Silenus）歡快地說：「其次則是早點死亡。」

處在人類難以掌控的世界中，「命運」的概念自然扮演了舉足輕重的角色。雖然特洛伊戰爭與荷馬時代的希臘人將命運歸因於諸神奇想下的決定，但是公元前六世紀的希臘哲學家已經開始尋求事物的根本秩序，某種穩定且可理解的基礎。而要取代諸神的奇想與激情，以及命運的不確定性，哲學家就必須找出「邏各斯」（logos），即某種道理或根本的邏輯。在哲學這門學問出現之前數千年，宗教就已為人類開啟通往「來世」之路；然而，等到哲學出現，人類才開始探求來世的秩序。

到了公元前六世紀，傳統希臘神話學已讓人感到厭倦並逐漸產生疑問。世故的希臘人已不再嚴肅看待諸神，以及各種充斥著受害者與保護者的故事，現實與幻想的鴻溝中也浮現出「真理」的觀念。色諾芬尼（Xenophanes）認為是人類虛構了諸神，「如果牛、馬和獅子有手，可以跟人類一樣動手作畫，馬會把神畫成馬的樣子，牛會把神畫成牛的樣子，牠們會依照自己的身體形象來塑造諸神的身體。」色諾芬尼問道，這些神祇如此粗魯無禮、素行不良又情感幼稚，為何要崇拜祂們？因此，他建議——約略與此同時，希伯來聖經最早的篇章開始集結成書——信仰「一神，諸神與人類當中地位最高的一神，祂在肉體或心靈上不同於生命有限的人類」。

我們不知道這些懷疑在希臘社會中流通有多廣，但是它們確實已散布各處。一神論為希臘人所知，一定是透過希伯來人，因為這兩個民族往來相當密切。儘管希臘人信奉的是多神，但是一神論一定也引起希臘人對「單一」（unity）的興趣。從這樣極端的觀念中，希臘哲學（philosophy的字根是希臘文的philein〔愛〕和sophia〔智慧〕）誕生了。

2 世界源自何處——早期印度哲學

充滿天神地祇的印度教

古印度哲學與「印度教」（Hinduism）密不可分，但是嚴格說來，當時並不存在一套名為「印度教」的哲學，因此也不存在單一宗教（印度〔Hindu〕是阿拉伯語，指的不是宗教，而是地方，是印度河以東之地）。「印度教」可以泛稱廣大多樣的信仰內容，其中包括有神論者與無神論者、神祕主義者與非神祕主義者、埋首古印度神話學的學者與其他人士。「印度教」也可以用來指稱特定的社會體系，也就是以印度哲學合理化的種姓制度。

傳統印度教充滿了奇幻生物與神祇，跟希臘神話學一樣具有想像力。居於核心的是三位一體的神祇：梵天（Brahma，創造之神）、毗濕奴（Vishnu，守護宇宙之神）與濕婆（Shiva，毀滅之神）。這三個神祇其實一體三面，是單一實在，而非眾多實在（這種宗教觀有時被稱為「單一神論」〔henotheism〕）。一般人熟悉的濕婆描述顯示，這是個令人困惑的複雜宗教，諸神不斷地變換形式與顯相，假扮成不同的人物，職司不同的任務，當然擁有各種不同的名號。例如，濕婆的配偶帕爾瓦蒂（Parvati）在神話中以不同的形象出現：有時是充滿肉欲的烏摩妃（Uma），有時是充滿母性的安巴（Amba）、象徵毀滅的伽梨（Kali），或是濕婆力量的來源沙克提（Shakti）。

世界幾個主要宗教中，絕大多數都是偏向男性觀點；相較之下，女神在印度教中的核心地位特別值得一提。印度神話學另一個特別吸引人之處，就是當中充滿了想像的戲謔，與其他宗教相比，也較少禁令與獨斷主義（dogmatism）的成分，至少從各種神聖概念來看是如此。然而，無論展現出多少顯相或外貌，即便是最戲謔的印度故事，我們仍可以從中發現一些永恆不變的主題，例如復活、生命的延續以及宇宙的單一。

從宇宙起源談到神祕經驗

不過，作為哲學，印度教最特出的還是它的典籍《吠陀》。最早的《吠陀》也就是《梨俱吠陀》（*Rg Veda*），可能完成於公元前一千五百年左右，比摩西早數百年，也比荷馬早六百年。《吠陀》結合了詩歌、讚美詩、神話和宇宙起源論，也即「人格化」的宇宙起源。之後評釋《吠陀》的典籍如《奧義書》，則進一步專注在「梵」的創世故事上。「梵」意指絕對實在，有別於眾神之王「梵天」，這種理論與早期印度豐富多樣的神話一樣，充滿了曖昧與矛盾，但是這些曖昧與矛盾並非出於荒謬悖理，而是為了提出單一主題（一個類似早期希臘哲學的主題），也就是隱藏於無窮顯相背後的單一實體：梵。

世上雖存在眾多神祇，但祂們全是來自同一神祇的不同顯相，這種觀念無疑讓一神論者與多神論者感到困惑，因為對這兩者來說，神聖的性質應該是固有而穩定的。有些人堅信，「實在」（reality）具有單一而終極的合理性、且其存在總是不變的；對這些人來說，印度哲學不僅令人困惑，也充滿了矛盾。「梵」的唯一不變之處，在於它總是在變。

《吠陀》以宇宙起源論為開端，探討起源的問題：萬物為什麼存在？值得一提的是，連最早的《吠陀》，也對這個終極問題能否解答感到相當懷疑。「創世從何處而生——或許是世界創造了自己，或許不是——唯有從天界最高處俯瞰世界者才能知道，也許，連祂都不知道。」早期的《吠陀》也提出了這樣的疑問：創世之前的宇宙是什麼樣子？世界只是一種幻覺嗎？或許，它「連虛無都不是」。也恰好是在印度，我們發現了世上最早的原初始祖創世故事。這些故事的性意象相當露骨，從中也不難看出，早期印度的宇宙起源論如同絕大多數古代世界的宇宙起源論，將宇宙擬人化，試圖直接以人類生產的經驗來理解創世過程。事實上，《梨俱吠陀》就將世界描述成一個宇宙中不朽的人。

對人的基本關切充斥著整個印度哲學，這明顯表現在對自我、靈魂與個人真實本質的永久關注上，而這類關切也將成為數百年後脫胎自印度教的佛教與耆那教的重心。一方面，個人靈魂（或**「命」（jiva）**）的概念將每個個人區別成獨一無二的存有；「命」是否真實，或「命」的力量是否足以讓死者復生，是相當有趣的討論主題。另一方面，自我被指稱為**「我」（atman）**，「我」可以被理解成存在於每個人類身上的生命原則。因此，我們可以視每個個人為被「我」賦予了生命的「命」；另一種完全不同的做法則是，我們可以視「命」為虛假的自我，而「我」為真實的自我。《吠陀》清楚地表示，我們不可將「命」與「我」當成人類身上兩種彼此競逐優越地位的自我。三千年來，自我的真實本質一直是印度哲學關注的焦點。

我們能不能認識「梵」這個終極實在？如果可以，該怎麼做？在此，我們可以指出印度哲學中（在西方）最為人所知的部分：印度哲學的「神祕主義」，以及眾所皆知的運動，又稱「瑜伽」。有些人犯了很大的錯誤，以為印度哲學這種最古老的形式「只不過」是一種神祕主義，而這也是許多西方哲學家忽視印度哲學最常用的藉口。古老《吠陀》的懷疑論思想，困擾著想藉助理性能力或反思來理解「梵」的思維方式；要了解「梵」，或許必須透過包羅萬象卻又統一的神祕經驗才行。

印度哲學的神祕經驗並非只是一種驚訝與震撼，好比某些毫無準備的基督徒宣稱自己看到基督、聖母馬利亞或聖杯，如聖保羅在前往大馬士革途中遭遇異象。人們需要充分的準備，包括徹底研究並理解《吠陀》、《奧義書》，以及一些儀式，如冥想和瑜伽。想要體驗「梵天」，亦即擁有「梵知」（brahmavidya），人必須「合宜」，合宜並不是指健康或身體狀況良好（雖然這點不可忽視），也不是指瑜伽帶來的放鬆效果；瑜伽是自律，精神自律能讓人達到深層實在並擁有極樂經驗。

這種極樂經驗可說是所有印度哲學的核心，只是名稱與達成方式因為學說與技術不同而有所差異。佛教徒稱為「涅槃」（Nirvana），耆那教徒稱為「從痛苦中解放」，吠檀多學派則稱為「解脫」（mukti）；不僅名稱不同，連詮釋本質與影響的方式也大不相同。有些人說，我們所謂的實在其實是幻覺，唯有「梵」的神祕經驗才能讓我們首次知覺到真正的實在。其他人則承認，我們每天接觸的世界是真實的，但這個世界只是最表淺的實在；「實在」尚有許多層次與深度，位於最底層的實在是「梵」，也就是「一」。雖然對於實在的觀念有所歧異，但是三大傳統（印度教、佛教與耆那教）的終極目標，都是從日常存在的紛擾與關切中解脫。就形上的層次來看，「從痛苦中解放」意味著從周而復始的生死循環中解脫，所有的存有將因此不再身陷其中。

3 希伯來人、上帝與律法

古希伯來哲學的三大概念

猶太教的歷史可以上溯到公元前三千年先祖亞伯拉罕的時期，它蘊含了豐富的哲學來源與哲學爭論。從最早的猶太民族自我概念與律法形成開始，之後是先知的教誨（公元前九到八世紀），最後則是廣泛作品集結成《塔木德經》（*Talmud*），這是以《摩西五經》（*Torah*）為基礎的法律與評釋大全（「猶太」〔Jewish〕這個詞源自於猶大王國〔Kingdom of Judah〕，後者涵蓋了所羅門王死後分裂的以色列十二支族的其中兩支）。哲學論辯在古希伯來人的生活中是如此基本，以至於沒有必要將它區別出來成為獨立的思想領域。由於古希伯來人對法律極富熱忱且不遺餘力，因此，他們一直對法律意義以及法律如何指導人民的生活深感興趣，同時也致力於探討正義與至善社會的問題。此外，希伯來人也很想了解如何取悅他們那位全能卻又難以預測的上帝，因此希伯來哲學充斥了上帝本質的討論，以及上帝賜給希伯來人律法的意義。法律在希伯來人與日後猶太人的宗教思考中扮演著核心角色，這是其他民族所沒有的。

古希伯來哲學大致可界定為以下這三種關鍵概念：一神信仰、受上帝喜愛或「選擇」的觀念，以及神授律法的重要性。第二個概念或許會遭受摒棄，認為這是完全沙文主義與種族中心論的哲學；然而，第一與第三個概念不只決定了古希伯來哲學的內容，也提供了日後整個西方歷史與西方哲學的發展架構：一神與神的律法。

從哲學的角度來看，全能的一神意味著普世性，亦即單一的一套規則，以及信仰不只適用在這個地區或那個地區，也可以適用在每個地方與每個人。我們不清楚古希伯來人是在何時接受了一神信仰，但可以確定的是，在信仰一神之前，古希伯來人曾有一段信仰多神的時期，後來其中某個神祇成了他們的最愛，因此他們也反過來成了這個神祇的「選民」。

一神論與多神論的折衷引發了一連串複雜的問題，而這些問題也構成了猶太教、基督教與伊斯蘭教神學的主要內容，其中最悠久的哲學問題就是一神與創世的關係。上帝創造的世界是否獨立於上帝，還是上帝自己即臨在於這個世界中？上帝如何以及為何創造宇宙？為什麼如此創造宇宙？更特別的是，上帝為什麼要「照著自己的形象」造人？之後上帝與人的關係又是如何？

希伯來聖經第一卷《創世記》描述上帝是全能的造物主，以連續六「天」的時間逐步創造各種生物，最後的高潮則是造人。猶太教經典不同於中東普遍流行的宇宙觀，後者認為世界是接續著前一個世界而來。在印度，世界雖非永恆，卻古老得令人難以想像（大約三兆年）。就連希臘人也認為無法理解世界是「從無到有」的說法。對照之下，猶太教卻主張上帝創造世界是無中生有。早在達爾文提出生命起源是一段過程，而非突然出現之前，如何適當詮釋《創世記》就已經引發許多爭議，對此我們無需贅言。而從希伯來聖經以來，最廣受討論與最引起爭議的，還是上帝和祂的創造物人類之間的關係。如果人類是「照著上帝自己的形象」所造，為什麼上帝較偏愛某些人，像是希伯來人就相信上帝偏愛他們？這種信仰對希伯來人產生了驚人影響，原本衣衫襤褸的游牧民族，在《出埃及記》中搖身一變成了充滿決心又堅忍的民族。這是最強有力的古代觀念。

雖然猶太教強調個人尊嚴，我們還是要牢記猶太教一開始是部族宗教；個人之所以具有意義與尊嚴，在於他是共同體的一份子。和許多古代社會一樣，猶太共同體的形成並非出於偶然。猶太教認為猶太人具有「選民」地位，其根據是上帝與猶太人先祖亞伯拉罕的約定：上帝與亞伯拉罕立約，要讓他的後裔成為大國。因此，猶太教具有一種排外的種族元素，而這一點也遭到早期基督徒尤其是聖保羅的嚴正反對。根據這個古代觀點，與其說猶太教是一種哲學或一套信仰，倒不如說是一種身分。猶太哲學對於身為猶太共同體一份子的意義與影響的關注，遠勝於對神學與信仰難題的關切。

與上帝立約

希伯來聖經的神學成分極少，但是對上帝人格（如果我們能這麼說）的描述卻鮮明得如同小說情節。希伯來人的上帝（祂自己坦承）是個善妒的上帝，有時也是個易怒的上帝、震怒的上帝，希伯來聖經中許多大家耳熟能詳的故事已能說明這一點。而從哲學的角度來看，希伯來人那全能又庇佑子民的上帝是個難以預測、性格狂暴、甚至偶爾會興起古怪念頭的神祇；祂很容易被激怒，這點可以從降臨在希伯來人身上的災難看出。上述可以拿來與早期希臘人對命運的看法做比較。一方面，希伯來人受到萬能上帝的保護；另一方面，這層保護有時候卻不大可靠，人們必須解釋上帝的保護為何失效。上帝的「恩寵」也引發同樣的疑問。猶太教與基督教一樣，恩寵是上帝賦予的，這純粹是上帝自己的選擇。沒有任何人或任何民族有壟斷恩寵的特權。

要理解希伯來哲學，必須從希伯來人與上帝立「約」所產生的巨大焦慮探究起。與上帝立約給了希伯來人信心，儘管災難似乎很常降臨，猶太人對上帝的信仰並不因此動搖；相反地，他們「責怪自己」。先知們幾乎是用自豪的語氣提到，聚集起來反對以色列的力量，並非上帝遺棄猶太人的證據，而是上帝對猶太人感到不悅，其他詮釋（例如被上帝遺棄）對希伯來人而言是無法想像的。希伯來人寧可感到罪惡，也不願失去信仰。或許可以說，希伯來人賦予罪一種哲學形式；而這麼做的結果，就是將人類的自我省察推到前所未有的深度。

4

為何受苦

——祆教與惡的問題

祆教談一神概念

一神觀念似乎來自幾個源頭，包括古埃及的阿肯那頓與希伯來人，以及波斯與祆教哲學。從哲學的角度來看，祆教特別有趣之處在於，它對一神概念這個哲學問題有著獨到的見解。希伯來哲學強調順從上帝及其律法，但祆教或許是第一個以善惡的客觀性質為中心的哲學。

瑣羅亞斯德反對當時的多神信仰，並且投身於他所認為的造物主阿胡拉．馬茲達的崇拜中。不過，瑣羅亞斯德也承認次要神祇的存在，他認為這些神祇是阿胡拉．馬茲達所造，並與阿胡拉．馬茲達結合在一起。這些次要神祇各自連結著自然的各種特定面向，崇拜者可以在崇拜儀式中直接對祂們說話。自然崇拜無疑是最古老的一種宗教形式，也是同時期希臘與中東傳統的明顯特徵。自然崇拜通常與擬人化的神及崇拜抽象性靈的宗教並存，祆教亦是如此。祆教徒固然信奉阿胡拉．馬茲達為最高神祇，卻也認為拜火（以及太陽崇拜，他們認為太陽是火的生物）是他們的義務，他們相信火可以潔淨靈魂。因此，祆教有時也被稱為「拜火教」。

苦難從何而來

「惡的問題」主要源自於祆教：如果全善且全能的神創造並看管這個世界，為什麼還會出現這麼多不必要的磨難、痛苦和死亡？如果神不是善，如果祂不愛人也不關心人，那麼四處可見的苦難與不可避免的死亡就不會是神學問題。事實上，人們總能理所當然地接受希臘奧林匹克諸神造成的手腳殘缺與死亡（雖然還是有人會問，為什麼希臘諸神會無來由地襲擊受害者？）。印度神祇濕婆被公開稱為毀滅之神，但當祂毀滅萬物，並不構成哲學悖論，也不存在待解的哲學問題，因為濕婆原本就是如此。同樣的道理，當奴庫歐羅環礁（Nukuoro Atoll，位於南太平洋）的惡神凱夫（Kave）造成毀滅，我們也沒有必要對祂的作為多做解釋。

然而，在希伯來人的歷史中，上帝的行事理由不可避免地成為討論焦點。當希伯來人的上帝允許自己的「選民」被賣為奴，並且允許耶路撒冷與神殿被毀（不是一次，而是好幾次），希伯來人面臨了極為苦惱的選擇：他們應該認定上帝違背了約定並遺棄他們，還是應該認定是他們自己違背了約定並背叛上帝的信任？人們免不了提出這個問題：上帝為什麼這麼做？就連耶穌也問：「為什麼離棄我？」數千年後，發生在二十世紀中葉的納粹屠殺猶太人事件，又讓同樣的問題再度浮上檯面。希伯來哲學（大體上也包括整個西方哲學）建立在強調非難與責任，《創世記》描述人類的原罪是「墜落」，意指邪惡是經由人類的選擇而進入這個世界。

責任與結果是否相符也是個問題。在猶太教經典中，罪與災難之間的連結曾經遭受最戲劇性的挑戰。《約伯記》（可能寫於巴比倫流亡時期，大約公元前四百年）講述一個義人的故事，雖然這個人忠實遵行上帝所有的律法，卻遭到可怕的懲罰。撒旦嘲弄上帝，指出約伯之所以正直，只是因為上帝待他不薄；為了「考驗」約伯，上帝允許撒旦降下人間最慘痛的災難給約伯和他的家人。然而，儘管約伯經常哀求上帝的協助，態度還是跟過去一樣虔誠，沒有絲毫改變。最後，上帝恢復約伯原先的幸福生活，卻也堅持祂的做法不需被理解。因此，即使世上充滿不義之事，人類還是應該保有信仰。不過，這種結論完全沒有解決惡的問題。為什麼義人無故遭受苦難？《約伯記》描繪了上帝與人類之間令人恐懼且無法預測的關係，這正說明了猶太人對自己和上帝彼此關係的感受。

惡的問題也表現在另一種力量僅次於上帝的存有上，即撒旦或魔鬼。瑣羅亞斯德解釋苦難是兩個孿生精神對抗的結果，祂們是阿胡拉．馬茲達最早創造的精神，一個代表善，另一個則代表毀滅，整個世界就是善惡兩種力量的鬥爭場。這一點反映在《約伯記》中，我們可以說是撒旦而非上帝對約伯施以不公平的懲罰。然而，一旦這個邪惡存有的力量強大到足以忤逆上帝的意志，西方三大宗教的上帝將不再是全能者，也不能算是獨一無二的真神。即使撒旦的力量未強到足以忤逆上帝的意志，他的存在也不得不讓我們想到原先提出的問題：愛世人的上帝為何允許邪惡出現？畢竟撒旦是上帝創造的，而毀滅的精神也是出自阿胡拉・馬茲達之手。此外，面對這些人力無法克服的宇宙力量，個人還有什麼責任可言？

根據瑣羅亞斯德的說法，惡的問題不僅可以藉由假定彼此交戰的道德力量得到解決，也可以透過堅持人類具有自由道德選擇的機會得到滿足；人類可以選擇與任何一種精神結盟，善的精神或惡的精神。然而，作為一種宗教，祆教希望吸引信徒，並鼓勵他們在思想、言語與行動各方面都能跟隨善的精神。此外，瑣羅亞斯德承諾，與善的精神結盟將會帶來報酬：到了世界末日，瑣羅亞斯德將引領這些與善的精神結盟的人走向永恆幸福的存在。這個吸引人的命題將在基督教哲學中找到它的（超）自然居所。

5 何謂覺悟
——佛教與耆那教

如何超脫苦難？

佛陀出現於公元前六世紀的古印度，耆那教的出現至少也可以追溯到這個時期。佛教與耆那教都對靈魂與人性（耆那教還關心人類以外的生命）有著深刻、有趣的描述，尤其佛教反對「梵」與「我」的觀念，而這兩種觀念卻是印度思想的核心。在社會層面上，佛教徒與耆那教徒都反對印度的種姓制度。

儘管如此，印度教、耆那教與佛教仍然有許多相似之處，其中包括對《吠陀》的重視。雖然長久以來這三個宗教無論是內部還是彼此間都充滿了爭端與爭論，但絕大多數時間並未特別要求對方改宗或彼此競爭。當然，我們不能否認印度的宗教派系（如同世上其他地區）也經常互相殘殺；然而，直到歐洲人抵達與伊斯蘭教傳入印度之前，印度教許多神話與哲學仍可跟佛教、耆那教和其他地方宗教並存、混合與交融。

或許最讓西方讀者驚訝的是，印度竟然能將神祕主義與邏輯這兩種通常被視為互無關聯、乃至於彼此排斥的哲學領域（若是就哲學「內部」來看這兩個領域）緊密結合在一起。在印度，各種形式的神祕主義代表夢幻般的極樂經驗，這同時也是印度三大宗教的核心（梵文的「哲學」意指「觀看」[1]）。此外，三大傳統也發展出嚴謹的邏輯，一方面支持神祕經驗，另一方面則作為武器，防止神祕經驗的完整性在折衷之下遭到破壞。過度知識化、過度依附日常世界事物、或不加批判地仰賴常識範疇，都會沖淡神祕主義的內容。

佛教與耆那教特別重視苦難的性質，以及如何從苦難中解脫。耆那教徒的主要原則是「不要造成傷害」，他們對生命——所有生命——都極其尊重，甚至會謹慎避免踩到腳下的蟲子，或偶然吸入空氣中飛行的小蟲。佛陀相當關注自己周遭的可怕苦

1　編注：梵文中，有時會將英語的哲學（philosophy）翻譯為「darshana」，該單字有觀看、觀點，與經驗的意思。

難，並且公開抨擊增添人類苦難的種姓制度；然而，佛陀的基本哲學主要還是在於個人的「內在」轉變，這可藉由洞悉佛教的「四聖諦」而達成：

一、苦諦：生命是苦。

二、集諦：苦來自於自私的渴望。

三、滅諦：自私的渴望可以去除。

四、道諦：人可以藉由遵循正道去除自私的渴望。

解脫或覺悟的正確方式稱為佛教的「八正道」，分別是(1)正見，(2)正思惟，(3)正語，(4)正業，(5)正勤，(6)正命，(7)正念與(8)正定。佛教的目標是，讓人從受到欺騙的自我信仰及其相隨的一切，諸如欲望與挫折、野心與沮喪、驕傲與羞辱中得到解脫，覺悟並結束悲苦，這種境界稱為「涅槃」。對於涅槃的典型描述，是指否定利己立場與中止苦難，但也可以從積極面將涅槃理解為極樂狀態。雖然如此，若將涅槃描述成西方理想的「幸福」狀態，將會是一種誤解。

佛教徒相信生命不可能永恆。現實世界是由一連串短暫的存在構成，沒有恆久存在的物質，也沒有永恆的自我或靈魂，人類只是由肉體、情感、思想、性情與意識暫時混合而成的物體。並不存在永恆的大我（吠檀多學者稱為「我」），只有「無我」，沒有自我；若能了解自我與所有欲求的客體都無法長久，就更能達到洞察與中止苦難（與之相對的是，耆那教徒仍堅守個人自我或靈魂信仰。他們相信，不只是人類，所有的生物都擁有靈魂。這是他們重視生命如此毫不妥協的原因。耆那教徒跟許多印度教徒一樣，相信人類靈魂會輪迴到動物身上）。

雖然沒有任何事物是永恆的，佛教徒仍相信世上的每個「狀況」都源自於另一個狀況，也認為現實牽涉著廣泛且無所不包的因果鏈，這條因果鏈連結了之前與之後的每個人與每個事物。輪迴與「業」（karma）反映出這個複雜的因果網路。「業」被認為是人一生中所有行為與活動的殘餘，是決定人類輪迴與轉世後地位的關鍵。

佛教的發展

佛教發展出許多思想流派，起初是南方佛教徒與北方佛教徒的嚴重分裂。南方佛教徒主要分布在印度與印度周邊，他們關心的是個人的覺悟；北方（大乘）佛教徒則分布在西藏、尼泊爾、中國、日本與韓國，他們堅持同情與關愛不幸者才是首要之務。南方佛教徒認為，只有過著極端苦行與孤立的僧侶生活才能覺悟；相反地，北方佛教徒則堅持，必須讓每個人從苦難與精神的無知中解脫，因此已經覺悟的人必須「留在原處」，協助那些過著一般生活的人覺悟。這些已經覺悟並協助他人自覺的人被稱為「菩薩」。菩薩雖然已經覺悟，卻沒有進入涅槃的境界；相反地，他們仍活躍於此世，與佛陀一樣協助他人，並且向他人分享他們的洞察以消滅苦難。

佛教另一支顯赫的傳統在西藏發揚光大，直到一九五九年才被宿敵中國摧毀（藏傳佛教在現任達賴喇嘛的領導下於印度北部繼續發展）。在佛教傳入之前，西藏是個被魔鬼盤踞的戰士社會，並且信仰一種稱為「苯教」（Bon）的薩滿宗教。之後，佛教傳入與苯教混合，使得原本好戰的社會轉變成今日世界各國印象中虔信、慈悲、溫順且深具憐憫心的西藏。

印度哲學中歷史最悠久的一個爭論甚至比西方哲學中信仰與理性的爭論還早；該爭論和理智（與神祕經驗對立）在覺悟或解脫上所扮演的角色有關。為了達到涅槃的境界，首先要緊的是讓自己從幻覺中解脫，特別是以為自己在這個世界上有著特殊地位的幻覺。許多佛教徒認為，最能為覺悟打穩基礎的，就是適度的邏輯；邏輯分析顯示出我們對於自己和世界的一般常識性理解是如何混亂且充滿矛盾。理解的幻覺阻礙我們的覺悟之路，然而，運用悖論卻能解開其中的虛妄。

將悖論發揚到極致的佛教哲學家，首推龍樹（Nagarjuna）。龍樹是大乘佛教中觀派（Middle Way School）的創立者，也是哲學史上深富鬼魅般才智的「辯證家」。在《中觀論頌》（*Fundamental Verses on the Middle Way*）中，龍樹尖刻地批評各種形式的本質論與實體論，他推導出現象的相互依存性，以及在約定俗成的情況之外，現象的本質或同一性都是虛空的（emptiness）。他提出兩種真理並存的學說，並且為其辯護：第一是與日常現象有關的**世俗諦**，其次是日常現象中，所有看似「有」的獨立個體其實都是「空」的**第一義諦**。龍樹最深刻的洞察在於，這兩種真理歸根究抵是相同的。

龍樹是運用理智來反對理智本身，例如，說服人必須提出理由，但是要說服人接受理由，就必須提出更多理由；如此不斷下去，終有提不出任何理由的時候。龍樹發展出有關「空」的性質的理論，試圖清理出一條通往純粹（但並非無需教導或無需學習）神祕經驗的道路。龍樹藉由強調佛教的實踐優於理智理解，表現出他認為的佛陀真意；而他也理所當然地認為，自己的聰明才智是佛陀「般若」——菩薩的象徵——的顯現。

佛教邏輯在往後數個世紀發展得更豐富，發展的原因卻是為了反駁龍樹的邏輯基礎。往後的一千年間，印度哲學出現一段百花齊放的時期，各流派在彼此攻詰中發展出燦爛的思想，其中尤以人稱「正理學派」（Nyaya，即「邏輯學派」）的實在論傳統，能與吠檀多學者及懷疑論者的「幻覺主義」分庭抗禮。正理學派反對日常世界是幻覺的說法，堅持世界是真實的；他們也信仰神，但神在他們的世界概念中並不是非常重要的。因此，對於大多數印度哲學家強調神祕主義與宗教態度，正理學派抱持著懷疑的態度。

在西藏，神祕主義與大乘佛教有著悠久輝煌的歷史。宗喀巴（Tsong Khapa）是西藏四大派別中最具政治影響力的創立者，他撰寫的《菩提道次第廣論》是總攝佛教哲學的經典，其規模與重要性，足以和亞里斯多德或阿奎納的作品全集相提並論。宗喀巴的著名之處在於記述並護持龍樹的學說，並且總結空形上學、邏輯與知識論之大成；而宗喀巴在哲學成就上最了不起之處在於，他展現了語言哲學在佛教哲學中的核心地位。

6 尋求和諧

——儒家、道家與墨家

社會和諧與個人德行

我們曾經提過，要用最簡潔的方式來說明中國哲學，莫過於「和諧」兩字。孔子致力於有助社群和諧的倫理與社會行為，相反地，原始道家都是一些視社會為有害之物的隱居之士，努力追求自然與人類天性的和諧。老子承認社會和諧是人之所欲，但他也認為，除非社會是由已經求得自身和諧的哲人來治理，否則社會和諧不可能實現。事實上，根據道家的說法，這樣的「統治者」不需要治理，因為愈是聰明的統治者，治理的事就愈少。

另一方面，孔子認為自己的學說是統治者的哲學，他經常以音樂與聲音的和諧來類比：睿智的統治者能讓社會和諧。儘管如此，社會的和諧取決於個人的德行，不只是統治者，也包括每個社會成員。因此，其實孔子的哲學大致上是一種道德勸說。

這種在和諧社會脈絡下對個人德行的強調，對於了解中國哲學極為重要，同時也提供了與西方的重要連繫。兩個世紀後的希臘，亞里斯多德發展出類似的倫理概念：個人的德行雖然重要，但是必須從個人在和諧運作的共同體脈絡中所扮演的角色才能理解（大約一個世紀之後，希臘與羅馬的斯多葛學派發展出類似道家的自然和諧概念）。另一方面，德行被賦予的首要性，也和猶太教律法被賦予的首要性形成對比（這並不是說猶太教沒有強烈的德行概念，或是希臘與中國哲學不承認法律的重要性）。

這兩種社會與個人觀點，一種強調個人德行，一種強調律法，兩者的差異相當大。猶太律法假定一個全能上帝的存在，祂不僅口授律法，也認可律法；而希臘人與中國人則認為，倫理的唯一目的就是促進社會和諧，並不存在任何外在裁判者或立法者。孔子的確提過天的意志，但這通常只是用來提醒，人類雖能影響環境，卻無法完全控制環境或決定事物的成敗。在這方面，儒家剛好和希臘思想形成對比，後者強調人類面對命運時是脆弱的。

對孔子來說，社會中最重要的德行是卓越的領導才能，而卓越的領導才能又以統治者個人的發展為要件，擁有領導才能的統治者方能啟發臣民的德行。孔子對自我實現的強調，應該從這種社會脈絡來理解。自我實現並非個人的啟蒙或完成，而是徹頭徹尾的「社會」關切；相較之下，猶太教、基督教與伊斯蘭教就較具個人主義傾向，較關注個人靈魂的福祉（尤其是基督教）。儒家沒有西方意義下原子式的「靈魂」，他們認為個人不能自外於自己的社會角色與社會關係，特別是個人在「家庭」裡的關係。在儒家思想中，社會作為一個整體就像個龐大的大家庭，即便是像中國這麼巨大的社會。

儒家德行中最關鍵的是仁，仁可以解釋為「人性」或「人道」，其他的儒家德行都能納入仁的意涵中。雖然孔子相信仁是人類固有的，但是他也主張，必須努力才能成為完整的人。仁必須經過培養與發展：在孩提時期，仁藉由奉行孝道、尊敬父母而得到發展；到了青年時期，仁則展現在較為一般性的社會尊重與忠誠上。因此，仁的重要展現是禮，即儀式。禮牽涉的比較是外在的儀節形式，它要求人們在各種場合表現合宜，並且寬恕體諒他人的行為。節制自己的行為舉止也是德行之一，這可以讓人的精神完全支配自我。心靈與身體不是對立的，兩者都是「氣」或「能量」的展現。對儒家而言，典禮與音樂尤其重要；它們不僅結合整個社會，人們也能透過儀式來學習、實踐與培養仁。

從儒家到道家

並不是每一位接續孔子的思想家都同意孔子哲學中強調與忽略的部分。墨子（大約生於孔子去世之時）批判孔子對現存體制的支持，他反對貴族的地位，並且認為儀式與典禮並不重要，唯有透過「兼愛」才能達成至善社會的倫理理想。然而，略微弔詭的是，墨家竟發展了軍事戰略的技術；不過，如果人們接受墨子及其門徒反對侵略戰爭的主張，並且認為軍事力量只是作為自衛之用，這種弔詭也就不復存在（墨子的立場後來在偉大戰略家孫子的《孫子兵法》中得到引申）。愛或許是解決之道，但先決條件是保障自身安全的武力。

儒家反對墨子，認為兼愛既不可行也不可欲，因為人類對父母的愛遠勝於陌生人乃天經地義之事。孟子認為，要避免愛淪為膚淺，就必須承認愛有等差的觀念，對人類群體的愛是由對家人的愛推廣擴大而成。孟子認為人性本善，對於人類為善的能力抱持樂觀的態度；雖然如此，訓練與努力仍是必要的。

然而，儒家對人性本善的看法並不一致。荀子的主張就剛好相反，他認為人性本惡，人類天生就傾向追逐個人利益與快樂；然而，幸好人類還擁有理智，可以藉由理智培養自我並且為善。荀子和孔子學說一致的地方在於，他強調禮與合宜行為的重要性，特別是對待家庭成員時。家庭關係並非基於自然，相反地，家庭是人類理智的發明，用來對抗人類天性中的自私欲望，以確保社會合作。用現代的話來說，荀子主張親族與社會關係是社會的建構物。因此，在有關文化與自然孰優的爭論中，荀子總是支持文化，反對自然。從這一點看來，荀子與道家的學說是完全對立的。

老子哲學的主要關切在於，讓人的內在合於自然韻律（即「道」，宇宙運行的方式）以獲得智慧。儒家強調社會，老子卻輕視社會，強調順隨自然的重要。返樸歸真是道家獲取智慧的方式，根據道家的觀點，就連傳統的善惡道德概念也會阻礙與道的相諧。道德概念經常被過於僵化，因而模糊了原本想要啟發的事物；特別是道德概念也未能反映出道的細微變化。

老子認為最大的德行是「無為」，因此，理想的領導者不主動領導。另一位道家思想家莊子（與孟子同時）則認為，政府是人類幸福的阻礙，人類幸福取決於個人能否自由表現內在的自然。智者不做任何不必要的努力，「自然地行動」，順隨自然而為。智者虛懷若谷，依照宇宙之道而行，因而能保全個人的自然德行（德）。

道家相信，智者理解自己與自然是一體的，並且活在自然的韻律（道）中。生命與死亡只是自然韻律的面向之一，不應過度強調生命與死亡的重要性。道的韻律是循環的，發生在任何特定時刻的任何狀況，終將被其他狀況取代；到了最後，所有的狀況會重來一次（「永恆輪迴」的循環觀念是印度哲學的核心，也是古希臘哲學的一部分；然而，它在西方哲學發端之時並未受到重視）。最終，哲人將與道合而為一，「忘了」自我與道的區別；在這種神祕狀況下，哲人獲得了永恆的生命。哲人個人的自我或許會死亡，但是與哲人合一的道則會繼續生存下去。

道家對循環的興趣，反映在「陰」與「陽」互補的觀念上。照字面來說，陰與陽是「陰暗面」與「光明面」，用來描述變遷時對立面的互動。不足（陰）被充足（陽）取代，充足而後過度，過度而後衰退，衰退而後又回到不足。盛衰模式的意義對中國思想家，乃至絕大多數中國農民都至為明顯，陰陽相生相剋因而成為中國哲學家的正統概念與典型看法。道家認為，中國最著名的古代經典《易經》指出了外在現實變遷即將變化的一刻，而《易經》也是儒家的經典之一。

或許可以比較道家在流動與變遷上的堅定立場，以及猶太教—基督教—伊斯蘭教傳統的本質論——他們認為神聖事物都是永恆的。道家也有永恆概念，其意義在於一切變遷仍存有道的基本模式；事實上，有時道被描述為「不變」（常）。在道家中，永恆是自然的一部分，隨時間而流動；相反地，在猶太教—基督教—伊斯蘭教傳統中，永恆是神聖的，「不是」自然的一部分，而且在時間之「外」（新約如此敘述：「在這個世界卻又不屬於世界。」）。基督教的靈魂是每個人擁有少許的不變永恆，道家的靈魂比較像是河流中的一滴水。

7

構成世界的物質

——早期希臘哲學

世界從何而來？從神話到科學

在介紹前蘇格拉底時期的希臘哲學家之前，我們應該說明公元前六至五世紀的希臘在許多方面都深具創造力與生產力，其中最重要是科技的爆炸性進展。原本封建農業社會中只存在著富裕地主與一般農民，此時突然出現一批由工匠、商人與技術人員構成的新階級。發明家數目極多，發明的成果亦不計其數，從埃及和巴比倫傳入的幾何學與數學使得希臘人在航海和製圖上出現突破性進展。科學與醫學也隨之興盛，名醫希波克拉底（Hippocrates）總結當時的新觀念說：「人們認為〔疾病〕神聖，只因他們不了解；然而，如果他們將自己不了解的事物都稱為神聖，天底下為什麼會有這麼多神聖的事物呢？」

一般認為泰利斯（Thales）是希臘最早的哲學家，他是公元前七世紀的小亞細亞人（今土耳其）。可惜我們對泰利斯所知甚少，也沒有他的著作，只能從亞里斯多德不大可靠的作品中，得到少許有關泰利斯的描述。泰利斯認為，世界周圍環繞著水，而世界究其根柢也是由水產生，他的觀念很可能源自早期希臘的宇宙起源論以及其他文化。泰利斯打破了以諸神和其他精神來解釋自然的神話傳統，採取我們或許能稱之為「自然主義」的看法或科學觀點，也就是以其他舉目可見的自然現象來解釋特定自然現象。他的玄思相當契合當時實用性發明與科技的爆炸性進展，也反映出社會對「技術」（techne）的著迷。這也是當時人們觀看自然的新方式。

前蘇格拉底時期哲學家的玄思也帶有政治向度，不管這是否表現在他們的作品中。公元前六世紀，梭倫（Solon）將雅典「現代化」，並且建立了民主制度。梭倫之後，雅典又重回僭主制度，除了經歷斯巴達的入侵與破壞，又飽受地方暴動之苦。之後民主制度再興，但是這段過程並不像我們以為的那麼輕鬆而和平。若想知道最初的希臘哲學家為何會對秩序與理解（understanding）如此熱情，就必須先理解他們是處於這樣一個充滿暴力的時代。

泰利斯遭到同時代年輕哲學家阿那克西曼德（Anaximander）的指責，因後者反對泰利斯「世界由水構成」這個觀點，並且提出完全不同的看法。阿那克西曼德組織希臘的傳統宇宙論，區別出土、氣、火與水，並解釋這四種元素的性質，包括熱與冷、濕與乾等等如何相輔相成（我們可以在此提出希臘與中國哲學另一個重要的對比：「對立」是希臘哲學的基調，而中國哲學總是談論「和諧」）。

在被催促回答泰利斯提問「這四種元素哪一種最基本」時，阿那克西曼德回答「都不是」。他說，宇宙的終極來源與萬物的基本成分，是一種我們無法知覺的事物。阿那克西曼德稱這種事物為「無限」（apeiron，意指「不受限制的」或「無限的」），但我們或許可以稱之為「原質」。從科學史的角度來看，這或許是第一個以推論做出理論假定的重要例證：假設某種事物存在，以解釋可知覺的現象，雖然這個事物本身不可知覺（電子與基因是最近的例證）。

阿那克西曼尼（Anaximenes）是阿那克西曼德的學生，他批評老師提出的神祕而不可知覺的「原質」，主張重返日常經驗領域。於是，他提出氣才是最本質的元素，氣的濃縮與蒸發、加熱與冷卻、濃厚與稀薄，構成了各種元素。

泰利斯、阿那克西曼德與阿那克西美尼被稱為「米利都學派」（Milesians），他們邁開大步走出古代希臘神話與民間傳說；然而，我們在使用「哲學」或「合理性」這些意義豐富的詞彙來描述變化時，必須格外謹慎。米利都學派不僅為所謂的「哲學」預先布置了舞台，也為「科學」預先立下了基礎。正是在泰利斯、阿那克西曼德與阿那克西美尼的背景下，我們才能接受其後繼者更為激進的發展。

宇宙的根本是「數」

泰利斯、阿那克西曼德與阿那克西美尼都是「唯物論者」（materialists）：對他們來說，世界是由某種基本物質構成，無論是水、氣或「原質」。相反地，畢達哥拉斯（Pythagoras）則堅持宇宙的基本成分是數與比例——不是「物質」，而是形式與關係。畢達哥拉斯說，唯有「秩序本身」而非被秩序化的物質，才值得我們投入哲學關注（這種觀點當然很能引起今日許多物理學家的贊同，因為物理學家堅持數學才是理解宇宙的關鍵）。尤其是在畢達哥拉斯的影響下，本體論的中心問題以及存有的研究才受到廣泛注意：事物的抽象秩序或形式，如何透過世上實際存在的各項事物獲得展現呢？這個問題有時被概述為「一與多的問題」。

希臘人很快就了解數學的價值。不同於其他形式的知識，數學擁有其他領域（尤其是在雜亂的日常生活中）無法找到的簡潔、純粹、誘人的普世性與確實性。數學與幾何學的命題是真的，在每個地方都為真，而且也能被證明為真。埃及或波斯的直角三角形所擁有的形式性質，與雅典或義大利的直角三角形完全相同。畢氏定理的證明並非只在此處或他處才有效，而是放諸四海皆準。從畢達哥拉斯開始，數學的簡潔、純粹與確實性一直是許多哲學家的理想；它的極致表現，在於對理性的終極證明，而這正是純思想家喜愛的抽象形式之系統化展現。

畢達哥拉斯是個吸引人的哲學家，他運用比例理論解釋音樂與星辰運動的本質，猜測星辰會產生大量聲響（只有諸神才聽得到），並且稱之為「天體的音樂」。最重要的是，畢達哥拉斯發展出複雜的靈魂觀、來生觀與正確生活方式，他支持（東方的）轉世信仰。值得一提的是，雖然處於古希臘男性沙文主義的氣氛下，畢達哥拉斯卻接受女性成為他的門徒；這些女性加入哲學家的陣容，與思想深邃的畢達哥拉斯一同追尋精神生活。柏拉圖在《理想國篇》中讚美畢達哥拉斯「領導一群極具向心力的門徒，他們熱愛畢達哥拉斯，因為他啟發了所有會眾，並且傳達了某種生活方式；而正是這種生活方式，使得畢達哥拉斯學派直到今日仍在世間卓然不群」。據說，柏拉圖自己就是個未公開承認的虔誠畢達哥拉斯派學者。

由於畢達哥拉斯本人是個受崇拜的人物，而他的門徒又對他的祕密守口如瓶，因此我們無從得知畢達哥拉斯本人的生平或他的訓示。我們只知道，他是第一個確實自稱為「哲學家」的思想家，亦即「愛智者」。有人問他是不是智者時，他謙卑地回答：「不，我只是個愛智者。」這種謙恭的態度在智慧的愛好史上相當罕見。

變與不變

另一個與米利都學派唯物論者形成對比的，則是赫拉克利圖斯（Heraclitus）；他的哲學雖然晦澀，卻是個里程碑。在哲學史上，赫拉克利圖斯的「晦澀格言」無人能出其右，可謂極盡困惑曖昧之能事（例如「往前走與往後走，最後到達的地方都一樣」）。當其他哲學家對自然追根究柢，他卻宣稱「自然喜歡捉迷藏」。赫拉克利圖斯喜歡以謎語、悖論與令人困惑的雙關語來隱藏自己的真義。他說，自然只會讓極少數人知道它的祕密；此話一出，激怒不少當時的思想家。他在教導學生時表示，世界存在著根本的秩序，事物間流動著「邏各斯」；但他也不斷地告訴同好，他們「絕對無法了解」這些秩序與原理。

赫拉克利圖斯接受自己被當成傳統哲人、先知、智者與活神諭等角色，但他也身兼哲學家與科學家兩種身分，只不過他擁抱的是另一種自然元素，火。很多時候，赫拉克利圖斯談論火的方式，與唯物論者談論水、氣與「原質」的方式並無兩樣。他認為閃電（雷電）是神聖的，而火是其根本物質，「火的生命來自土的死亡，而我們的生命來自火的死亡。」不過，火這個元素在赫拉克利圖斯的思想中扮演象徵性的角色，其他元素在米利都學派中並未擁有類似的地位。

火是猛烈的，火燄持續地變化與閃爍；對赫拉克利圖斯來說，世界持續在變化，「處於流變之中」，外表的穩定只是幻覺。赫拉克利圖斯的名言是：「人不能踏進同一條河流兩次。」（實際上他說的是「就算踏進相同的河流，流過的水早已不同」）赫拉克利圖斯的語言充滿隱喻，不可能只將他當成唯物論者，他提出更宏觀（與非常具東方色彩）的觀點：唯一不變的是，宇宙一直在變。雖然如此，世界仍是永恆的，而且藉由「邏各斯」連結於單一體。在這裡，我們看到赫拉克利圖斯與阿那克西曼德之間有著重大的傳承性，他們都假定世上存在著未能被知覺之物；差別在於，赫拉克利圖斯假定的「邏各斯」並非物質。根據這兩個哲學家的說法，我們日常所見的世界外觀，與世界真實的本質有著無與倫比的差異。

巴門尼得斯（Parmenides）是個極艱澀的思想家，生存於公元前五世紀。在巴門尼得斯身上，出現了實在與表象之間最極端的哲學鴻溝。巴門尼得斯學說的抽象程度，遠超過前人與同時的學者，他還宣稱自己發明了一套新思考方式。巴門尼得斯不像之前的科學先驅，致力於思考事物的特定成分，他的興趣在於「存有本身」。他從強調本體論轉移到新的抽象層次上，將重點放在語言最基本的面向（此特指希臘語），特別是be動詞（事實上，並非所有的語言都有be動詞或類似be動詞的動詞；然而，在此讓我們暫且忽略這個事實）。藉由回顧前人的論證並玩弄悖論，巴門尼得斯提出驚人的論點：我們無法知曉其他世界，即便是我們「所知」的世界，也不是真實世界。

「凡存有必永恆；存有不可能從無到有，也不可能從有到無」，基於這個觀點，巴門尼得斯認為變化並不存在。儘管（如同另一位哲人赫拉克利圖斯所主張）日常經驗顯示變化持續不斷，我們平日所謂的實在只是「虛妄的語言排列」，但另一方面來說，真實的實在是絕對單一、不變、永恆的「一」（值得一提的是，吠檀多學派提出類似的論點：變與不變同時存在）。

緊接在巴門尼得斯之後，出現了許多哲學家回應他的論點。支持巴門尼得斯的代表人物是他的學生伊利亞的芝諾（Zeno of Elea），他想出一連串精巧的論證，證明時間與變化的觀念完全荒謬，其中尤以「歸謬」（reduction ad absurdum）論證的悖論最為著名。這種論證顯示，如果有人假定時間或變化為真，最後將得出荒謬的結論，由此得證時間或變化並不存在。這些悖論中最為人熟悉的，大概就是箭的悖論：如果箭從弓射向靶心，箭必須通過飛行軌跡的某一段；但是，為了通過某一段軌跡，箭必須通過這段軌跡中更小的一段軌跡；而為了通過這更小的一段軌跡；箭必須通過又更小的一段軌跡。以此推至「無窮」，箭將永遠射不到靶心。這種「證明」的詭詐與狡猾之處，在此無須多做說明，只要了解這些論證讓許多公元前四世紀的哲學家感到困惑、並絞盡腦汁想要破解就已足夠。

原子宇宙論與「靈魂」

德謨克利圖斯（Democritus）是幾個接受挑戰的哲學家之一，他的策略是破壞巴門尼得斯與芝諾論證的前提，同時進一步發展米利都學派的科學宇宙論。德謨克利圖斯要破壞的一項前提，就是巴門尼得斯與芝諾的「一元論」——這只是承接更早之前哲學家的說法——他們假定實在必須是單一的；相反地，德謨克利圖斯是個

「多元論者」，他反對世界是基於單一元素或由單一秩序組織而成。

德謨克利圖斯不斷追尋更小的「物質」觀念，直到得出「原子」這個現代最重要的觀念為止。德謨克利圖斯是極端的多元論者，他相信世界是由各種大小不等、形狀不一的「粒子」構成；然而，這些粒子作為元素，具有一項共通特點：無法再切割或再分割（「原子」的原始意義就是「不可切割」；該英文單字atom的字源是「a」，不、非，加上「tom」，「切割」）。德謨克利圖斯宣稱，所有存在物質都是原子，原子移動於虛空中，這種說法直接與巴門尼得斯產生矛盾。每個原子都是永恆的，不可創造也不可摧毀。

到了德謨克利圖斯手中，將世界去生命化與去神祕化的嘗試才算完結。德謨克利圖斯想像，宇宙完全由物質構成，沒有任何外加的秩序或智性，沒有根本的「邏各斯」或目的。一些舊觀念，如命運左右我們的人生，諸神統治世界，乃至於靈魂或精神使我們死後復活等等，全都消失無蹤。德謨克利圖斯發展了純粹唯物論式的世界理論，去除了精神與生命；就連人類靈魂這個對大多數前蘇格拉底時期哲學家來說屬於神祕範疇的事物，也被德謨克利圖斯歸類為物質原子宇宙中的一種物質原子。

「靈魂」是哲學史上反覆出現的主題，而就目前我們介紹過的哲學歷史來說，或許已經到了必須簡要概述靈魂的命運的時候。在早期希臘哲學中，靈魂只被視為一種事物，而且是無實體的事物，在當時不具有道德意義。事實上，希臘人認為靈魂是無力又可悲的，唯有被賦予形體，靈魂才能成為生命的來源；否則，它就像是影子，沒有實體，僅僅如同「氣息」（psyche〔靈魂〕這個字的原始意義）。類似的觀點也使得埃及人堅持，唯有保存遺體，才能讓靈魂進入來生。埃及人煞費苦心地保存死者遺體（連同死者的武器、奢侈品與僕人一起陪葬），這種保存遺體的做法說明了早期基督徒為什麼認為死者復活是永生的核心。早期希臘哲學家中最富想像力的赫拉克利圖斯曾說，靈魂「如火般燃燒」，構成靈魂的物質就跟天上的星辰一樣（然而，為了避免人們以為這個觀點下，靈魂極其崇高，我們必須提醒諸位讀者，其實赫拉克利圖斯認為，星辰只是天空的口袋，不具實體性）。

古希伯來人很少提到抽象靈魂，他們關切的重點局限在具體的個人性格上。同樣地，中國人談論「靈魂」時，只在意個人性格及社會認同，對於抽象而形上的剩餘之物不感興趣。佛教徒相信，靈魂要不是宇宙的殘餘，就是有待克服的幻覺；相反地，者那教徒真的相信人有靈魂，甚至認為昆蟲與害蟲也有永恆的靈魂。印度教徒對此看法不一，但他們也相信，靈魂可藉由轉世或輪迴持續到來生。

面對德謨克利圖斯僵硬而無靈魂的哲學，許多思想家（與大多數一般民眾）莫不感到強烈的失落，對此無需感到驚訝。在基督教尚未出現之前，在雅典三大哲學家尚未登場之際，哲學的精神貧困已是關切的焦點。事實上，近代一位日耳曼哲學家甚至宣稱，就在公元前五世紀後不久，我們失去了真正的哲學思考能力。

8 我們該如何生活

——蘇格拉底與詭辯學派

智慧的從業者

有些說法使得哲學家完全悖離了常識，例如世界完全是由物質構成的，或我們日常經驗的世界只是幻覺。新一代哲學家無法接受這樣的結論，因此，有些人開始運用新的論證技術，貶損並扭曲巴門尼得斯的哲學，這些人被稱為「詭辯學派」（Sophists，源自於sophistes，「智慧的從業者」）。另一些人對於我們所知的真理提出各種懷疑，並且運用巴門尼得斯的論證助長激進的宗教與道德觀念，例如人類所有的知識與價值都是「相對的」，世上並無終極的「真理」。在倫理方面，他們主張人類的理想只是統治者的理想，正義只是為了滿足當權者的利益（換句話說，「強權就是公理」）。其他詭辯家則是傳授論證技巧，指導充滿渴望與野心的雅典青年贏得辯論，獲取利益；並以言詞駁倒對手，吸引公眾注意，為自己在新民主國度中求得一官半職。

在詭辯學派手中，哲學成了徹頭徹尾的實用學科，用來助人飛黃騰達。聽膩了世界的起源與終極的實在本質，聽膩了晦澀的格言與無法成立的論證，人們轉而投入日常營生的層次，以哲學謀生，並找點無傷大雅的樂子。

在詭辯學派中，也許可以提及高爾吉亞（Gorgias）。他模仿巴門尼得斯的新論證風格，「證明」(a)事物並不存在；(b)如果真有事物存在，也不可知；以及(c)如果事物真的可知，也無法說明。我們似乎可以合理地詮釋，高爾吉亞或許不只有意讓結論荒謬，甚至還戲謔地模仿巴門尼得斯，可能是要顯示「證明」本身即是荒謬。有了極為難解、晦澀或模稜兩可的前提，再加上一定的才智，聰明的哲學家就能「證明」一切事物為真。當超越我們經驗之外的世界觀發生衝突時，就不再是終極的證明問題，而是修辭與意見的問題，而這種問題或多或少仰賴表達技巧。

普羅塔哥拉斯（Protagoras）可說是最有名的詭辯家，他曾說：「人是萬物的尺度。」這句話有時候被視為實用主義的早期陳述，意指凡是對我們有用的，我們都應該相信。這句話也帶有懷疑論的味道，以普遍而無可反駁的理性，懷疑任何超越人類視角之外的實在主張。「人是尺度」意味著，對人類來說，知識是相對且受限於個人觀點的，而這些受限的觀點使我們無法認知事物的本質。

然而，我們也可以用較不偏向懷疑論的方式詮釋普羅塔哥拉斯，如此一來他的論述看起來就能帶給我們比較多信心。而依照這種詮釋，我們之所以能認知世界，是因為我們以人類的眼光看世界。雖然這個觀點的內涵在往後兩千年間並未獲得開展，但現在只要我們知道，不一定非得從「詭辯」的角度，即狹義的「為論證而論證」來了解普羅塔哥拉斯的哲學；我們可以將他的哲學詮釋成對知識本質的敏銳洞見。而作為對巴門尼得斯的回應，普羅塔哥拉斯的關注重點也從終極實在轉移到人類知識的問題上。

「一無所知」的蘇格拉底

反對「詭辯」的哲學家蘇格拉底認為，事實上，世上存在著真實而客觀的價值；理性不只能贏得辯論，也能發現人生最重要的真理。蘇格拉底和其他詭辯家相同，也精通邏輯以及修辭上的詐術與曲解，這些技巧大多來自聰明絕頂的巴門尼得斯與芝諾。蘇格拉底知道如何運用悖論破解看似自明的公理，如何讓陳腔濫調產生矛盾，如何曲解論證讓最尖銳的倒刺回指優勢的一方，如何利用「反例」反駁任何通則。他還提出最困難的問題，推廣最挑釁的理論，並且戲謔地模仿最受人尊敬的論證方式，直到該論證淪為荒謬乃至於更糟的地步為止。

然而，蘇格拉底的重點不只在於推翻他人的主張與論證，雖然他很少回答自己提出的問題。蘇格拉底的用意是迫使他人自己去尋找解答，他和一些詭辯家的不同之處在於，他似乎堅信人生的基本問題存在著解答。事實上，蘇格拉底並不反對詭辯學派，他自己就是最優秀的詭辯家；雖然他是第一個承認自己無知的人，但還是相信某些事物。蘇格拉底相信：德行是最珍貴的財產，真理就在我們日常經驗的「陰影」之外，哲學家的任務就是顯示我們所知有多麼膚淺。然而，就像聰明的古印度邏輯學家，蘇格拉底證明人類無知的目的，只是要為真實知識鋪路；就像在印度，真實知識必須「眼見」，而非只是學習。

蘇格拉底將「哲學家」的鮮明印象銘記在西方的意識中。然而，儘管蘇格拉底的確擁有許多美德，但無論他具有什麼德行，真正讓他在西方思想中占有獨特地位的，是他同時悲劇又幸福的命運。公元前三九九年，蘇格拉底接受審判，他被控「腐化學生的心靈」，並且遭到判刑處決。這無疑是民主雅典最艱難也最困窘的時刻，但是這不僅確立了蘇格拉底的哲學家地位，也讓他成為真理與天職召喚下的殉道者。蘇格拉底向陪審團說：「我寧願死也不願放棄哲學。」於是迎來了自己的死刑。他為哲學應該是什麼設立了標準，而且是非常高的標準。

蘇格拉底並未留下隻字片語，他的觀念並沒有主題次序，也沒有明顯的哲學體系。就許多方面來說，蘇格拉底被認為與舊約聖經的先知是同一傳統，而他也經常被拿來與耶穌相較。蘇格拉底是哲人、智者與「牛蠅」，不僅在私下、也在雅典市集公開談論哲學。蘇格拉底認為他的雅典同胞——尤其是那些自以為無所不知卻粗鄙無文的民主人士——與白癡無異，他認為自己應該讓這些人了解到自己的無知。蘇格拉底問他們：什麼是德行？什麼是知識？什麼是正義？他很有技巧地證明這些哲學問題的難處以及民主人士的愚蠢。

蘇格拉底命中的幸福之處，在於擁有一個或許是人類史上最傑出作家的門徒。柏拉圖是個優秀的學生、熱情的讚美者、敏銳的聆聽者、才氣縱橫的記者、絕妙的宣傳者、傑出的劇作家與哲學天才。從蘇格拉底受審開始，柏拉圖先是記錄，然後推敲，最後修飾並改寫蘇格拉底的許多對話內容。結果，柏拉圖寫成的對話錄成為哲學史上第一部完整作品，而這些對話錄的內容也令人震憾，乃至於有句名言說，所有的（西方）哲學都是柏拉圖的注腳。

儘管如此，柏拉圖仍然安靜地隱身幕後，讓蘇格拉底成為對話錄的主角；要不是柏拉圖，蘇格拉底將只是希臘史檔案中的一個注腳。然而，沒有蘇格拉底，我們或許將沒有柏拉圖；沒有柏拉圖，就沒有亞里斯多德；透過亞里斯多德，我們才得以知道絕大多數前蘇格拉底時期的哲學家，而沒有他們，希臘哲學的「奇蹟」或許永遠不會發生。

9

哲學家中的哲學家

——柏拉圖與亞里斯多德

柏拉圖談理型論

柏拉圖是西方哲學最偉大的作家與劇作天才。幸運的是，他的作品能順利流傳下來；同時，柏拉圖也創立學校「學院」（the Academy）來確保自己的作品和觀念（以及蘇格拉底的教誨）能傳之久遠。相較於之後的哲學家，柏拉圖更為傑出、感動人心、充滿趣味與淵博。他的每一篇對話錄莫不帶有蘇格拉底命運的陰霾，其爭辯充滿了痛切，但論證又不失尊嚴。事實上，由於蘇格拉底一開始作為戲劇主角，後來則成了哲學代言人，他的用處實在太大，致使柏拉圖不斷地在對話錄中提到他；即使人們已逐漸看出，蘇格拉底說明與提出的觀念實際上是屬於柏拉圖的。

柏拉圖的哲學從一段對蘇格拉底只讚不貶，卻相當可信的描述開始，特別是蘇格拉底生前最後幾日。蘇格拉底的審判、監禁與處決分別被記述在《申辯篇》（*Apology*）、《克里多篇》（*Crito*）與《斐多篇》（*Phaedo*）中，而柏拉圖也記下許多蘇格拉底與他人的對話，其中提到當時一些最聰明的（與不那麼聰明的）思想家，如巴門尼得斯、普羅塔哥拉斯以及高爾吉亞。透過蘇格拉底對這些思想家論證的反駁，柏拉圖開始提出自己的觀點。他對宇宙論的關切，包括了畢達哥拉斯世界是數的觀點、赫拉克利圖斯世界是流變與「原理」的觀點，以及巴門尼得斯永恆、不變與不可知的實在觀點。

柏拉圖哲學的核心——大多是經由蘇格拉底口中說出——是**理型論**。這是個「二元世界」的宇宙論：一個是我們的日常世界，充滿了變化，是暫時的；另一個是理想世界，充滿了「理型」（Form）。前者是赫拉克利圖斯堅持的處於流變的「變化世界」，後者則是巴門尼得斯主張的永恆而不變的「存有世界」。

柏拉圖的新世界觀之所以吸引人，首先在這兩個世界彼此關聯，而非像巴門尼得斯與一些詭辯家主張的毫無連繫。變化的世界（即我們的世界）由存有的世界（即理型的世界）加以界定（參與），而理型是萬物的理想模型與理想存有。因此，作為日常世界基礎的不變「原理」，可以理解成形式的理想性（或觀念性，ideality），界定了變動不拘的世界。此外，與巴門尼得斯思想不同的是，理型世界並非不可知；柏拉圖認為，我們至少可以透過理性能力瞥見理型世界。

在哲學家因為見證了理型而感到困惑的場景中，最令人難忘的或許是柏拉圖的大作《理想國篇》。柏拉圖描述的「洞穴神話」，不僅是存有世界與變化世界彼此關係的寓言（即理型與此世事物的關係），也是提醒哲學家即將面臨危險的警告。神話一開始描繪一群被綁在洞穴裡的奴隸面壁的景象，他們所見且以為真實的，其實是投射在牆上的影子。蘇格拉底接著解釋（這篇寓言是透過他來講述的），我們視為實在的事物其實是由影子構成，這並不是說這些影子不真實，它們的確是真實的影子；而是說它們僅僅是更真實之物的影子。因此，這裡的區別並非如巴門尼得斯所說的，實在與幻覺的區別，而是「較真實」與「較不真實」、優等世界與劣等世界的區別。

假定現在有個哲學家奴隸掙脫枷鎖，首次轉身將眼光朝向投射影子的真實物體上，然後起身走出洞穴沐浴在明亮的陽光下，難道他不會感到目眩嗎？難道他不會立即感受到，相較於當下看到的實在，過去每日見到的實在之影並不完美？同樣地，當哲學家面對完美的德行、正義與勇氣的理型，勢必強烈感受到洞穴中男女的不完美，以及他們觀念與行動的混亂。此時，哲學家的心之所向已經提高許多。如果他又回到洞穴並且企圖告訴他的同胞，他們身處的世界有多麼貧乏，他們的理想有多麼不適切，難道他的同胞不會攻擊並殺了他？這則寓言無疑暗示了蘇格拉底的命運，但是對理型的暗示顯然具有更普遍與更深刻的意義。

理型論讓柏拉圖哲學聽起來相當抽象，並且具備了宇宙論[2]色彩。事實上，理型論主要是一種實踐哲學，而《理想國篇》則是具政治性與爭議性的作品。柏拉圖描述的理想國一定和雅典城邦有許多共通點，卻也顯示一些令人憂慮的差異，其中許多部分至今仍讓我們感到相當極端。首先，理想國並非民主國家；在這一點上，柏拉圖與蘇格拉底顯然意見一致，他們相信規則應由最了解且能洞察德行的人（也就是哲學家），來制訂。在《理想國篇》中，柏拉圖給予我們哲王的形象，不管在當時還是現在，這種形象無疑都讓人感到荒誕（哲學家因心不在焉而鬧的笑話，最早從泰利斯時代就開始流傳）。

古怪的是，柏拉圖的理想國竟然是專制、階序與平等交替施行的國度。這種「順應自然」的貴族制，其基礎是天分、家世與教養，而在良性的獨裁制中，包括守衛者在內的每個人都了解自己的位置。它不是迎合個人與個人利益的社會，而是個人與個人利益附屬於共同善的社會。柏拉圖支持針對藝術施行檢查，禁止顛覆性的詩文，並且認為應該限制能激動人心的藝術，使其擔負起灌輸適當社會態度與行為的角色。在柏拉圖的理想社會中，人們沒有權利擁有財產，甚至也不能自由撫養自己的子女，子女必須交由國家來教育；然而，在這樣的社會中，女性被賦予等同男性的權力，這在當時是相當大膽的提議。地位最低的市民的福祉，與地位最高者的福祉一樣重要，即使是統治者也不能擁有特權；而有鑑於統治者身負重任，他們也未如一般人預期的那樣幸福。柏拉圖告訴我們，幸福並非為任何擁有特權的市民階級而設，而是為城邦全

2 編注：宇宙論，哲學上的宇宙論是一門歷史悠久的學問，關注的問題包括宇宙的起源、本質、結構、運作方式和目的。而在現代哲學中，宇宙論被視為一門跨學科的學科，涉及天文學、物理學、生物學和哲學等領域。

體而存在。

要結合反民主的至善社會觀與蘇格拉底近乎高尚、至善卻古怪的牛蠅事例相當困難，但《理想國篇》不只是想像國度的政治模式，同時也是對人類自身與世界的新思維。我們也許反對柏拉圖描述的專制與不平等面向，但是並不排斥《理想國篇》的世界觀。同樣地，我們也許反對因信仰另一個絕對理想世界而產生的形上學極端，卻不因此放棄德行的理想與培養德行的重要。柏拉圖接踵蘇格拉底，所承諾的不只是烏托邦與難以置信的形上學，還包括具有啟發性的靈魂圖像，後者將引領出全新的觀看世界方式。

我們已經提過，從荷馬到德謨克利圖斯，希臘人很少「相信」靈魂。他們承認要將生命賦予給身體，必須要有某種稱為「氣息」（breath）的東西；一旦氣息離開，身體就會死亡。然而，根據柏拉圖的靈魂圖像，靈魂需要身體，正如身體需要靈魂。沒有靈魂，身體是死的；沒有身體，靈魂只是毫無意義與價值的可悲影子。另一方面，對蘇格拉底與柏拉圖而言，靈魂具有道德意義；靈魂不僅獨立於身體之外，同時也比身體更重要。在《申辯篇》中，蘇格拉底幻想在來世思索哲學的快樂，不再受到打擾或分心。他面對死亡就像期盼一場長假，甚至如同救贖。根據蘇格拉底的說法，這便是真正的善人終究不受邪惡侵擾的原因，儘管是身體受到傷害或甚至遭逢死亡。

此外，如果靈魂（一部分）屬於存有世界，靈魂就已經含有理型知識。如此，有關德行、美與善的知識就不是學習而得，因為這些知識鮮少由教導獲得。我們生來就擁有這些知識，它們是「固有的」（按字面來說，就是「與生俱來的」）。在《斐多篇》中，蘇格拉底說：「為了絕對地認知事物，我們必須擺脫身體，並以靈魂之眼觀看真正的實在。」靈魂因而成了智性與道德生活的管道。用比較淺白的話來講，靈魂是人生真正值得擔心的事。

亞里斯多德的德行論與目的論

身為柏拉圖的學生，亞里斯多德理所當然關心柏拉圖的理型論，事實上他反對這個理論。身為蘇格拉底的再傳弟子，亞里斯多德對蘇格拉底的德行概念也備感興趣，而他倒是衷心認同這個概念；然而，這份認同並無法讓亞里斯多德連帶同意所謂的彼世德行，也就是作為理型的德行。根據亞里斯多德的看法，德行是個人性格的具體面向，不是從隨便一個人身上抽繹出的抽象觀念或理想。

亞里斯多德比柏拉圖更具有科學家氣質。據說，柏拉圖學院大門上的告示規定，所有的入學者都必須學習幾何學。另一方面，亞里斯多德的「學園」（Lyceum）則充滿了科學展示，以及岩石、植物、動物遺骸的收藏品。與之前哲學家不同的是，亞里斯多德並不懷疑感官；相反地，他「運用」感官觀察、收集樣本，並且進行實驗。不過，我們必須說，亞里斯多德有時對理性的信賴高於經驗（好幾個世紀之後，伽利略才顯示大石頭墜落的速度不比小石頭更快，這與我們理性思考的結果相反，亦即悖逆於亞里斯多德未經檢證的預期）。

為了回顧前蘇格拉底時期哲學家的進展與嘗試，亞里斯多德概述了在他之前的整體科學成果。亞里斯多德本身是個宇宙論者、天文學家、氣象學家、物理學家、地質學家、生物學家、心理學家，以及第一位堪稱重要的邏輯學家，他的許多自然科學觀點在他死後一千五百年仍屹立不搖。因此，最近幾個世紀的科學家對亞里斯多德有著複雜的心情。一方面，他可能是人類史上最偉大的科學家；另一方面，他畢竟是科學進步的巨大阻礙。亞里斯多德的觀點是萬能的中古基督教會之教義核心，其他科學理論因此被打壓了數世紀之久。

與柏拉圖相反，從亞里斯多德身上，我們發現了具體而實際的「一元世界」哲學；與柏拉圖相同的是，亞里斯多德的目標是找出一條穿透過往哲學家智巧與晦澀的路徑，藉此發展出適當的人性理論與一般自然理論。與蘇格拉底相同的是，亞里斯多德的核心關懷也是德行的養成；然而，他與蘇格拉底相反，卻與其他詭辯家相同的是，亞里斯多德主張德行可以而且必須教導。不過，德行無法在哲學研討或書本上教授，個人必須在德行的薰陶下成長，不斷加以訓練，直到德行成為第二天性為止。如同亞里斯多德一直主張的，最基本要求是社會脈絡中具體的個人；他並未留下任何空間給理型論，也不需要理型論這樣的彼世理論。亞里斯多德說，訴諸理型等於往回墜落到「空泛的語言與詩意的隱喻」中。

亞里斯多德不同於一些前蘇格拉底時期哲學家，完全可以接受變化的實在。同時他也同意，有關世界的知識若要成立，就必須存在某種根本「物質」。如同早期哲學家，亞里斯多德不認為一定要選擇單一基本元素（水、氣、火、原質），也不覺得有必要在形式與質料之間做出何者優先的選擇。他說，很明顯地，事物必須兩者兼具，沒有必要、或沒有明顯的理由去分割形式與質料。畢達哥拉斯與柏拉圖也持相同的看法。

雖然哲學史被描述成柏拉圖與亞里斯多德兩派傳統彼此競逐的歷史，但是亞里斯多德從未想過與柏拉圖這位他相處二十年的老師與朋友全面決裂。亞里斯多德同意柏拉圖，認為事物的理型極為重要；但是亞里斯多德更認為，事物的理型也是事物本身，他稱之為「實體」。實體只是個別的事物，諸如人、岩石、馬；實體之所以能成為實體，是「本質」的緣故（如果蘇格拉底掉光頭髮，他還是蘇格拉底；然而，如果蘇格拉底變成青蛙——不是口齒清晰又有德行的蘇格拉底青蛙，而是發出尋常蛙叫聲的青蛙——青蛙就不會是蘇格拉底）。這類針對個別實體與本質的務實討論，是亞里斯多德哲學的核心，而這類討論也完全不訴諸柏拉圖神祕的理型論。

然而，亞里斯多德哲學也牽涉到「追求超越」；並非超越感官經驗，而是超越事物的實際狀態。亞里斯多德強調，事物擁有「潛力」。光是從構成種子的質料，以及種子本身的外形與特徵，不足以理解種子，種子必須從其成長為某種植物的潛力來考量。為了理解這種潛力，我們必須理解植物具有能指導其發展的內在原則與藍圖。因此，亞里斯多德哲學的核心特徵是「目的論」（teleology），即事物的目的之所在。石頭具有相當單純的目的，只要一有機會就會往下墜落到地面；植物與動物擁有漸趨複雜的目的，人類亦然。

亞里斯多德的目的論加上他的上帝概念，產生了宇宙的目的，而亞里斯多德的上帝後來則被稱為（並非褒詞）「哲學家的上帝」。這是所有運動的最終原理，即「第一推動者」。和過往希臘哲學家不同的是，我們從亞里斯多德身上取得了明晰的上帝觀念，而且他的上帝完全去除了神人同性的色彩，上帝是原則而非人。宇宙本身的最終目的是上帝，也就是，上帝是存在於宇宙本身而與任何質料無關的唯一形式，祂是不動的推動者，永恆而完整，是萬物發揮潛力的目的。上帝是完全實現的活動，是純粹思維的活動，是「思考思想活動自身」。這樣的神祇與未來統治基督教的上帝有何共同之處，至今仍是困難而爭論不休的問題。

亞里斯多德的目的論可以實際應用在他的倫理學與政治學上。嚴格說來，倫理學與政治學並無區別；亞里斯多德倫理學關注的焦點，如同儒家思想的中國，至善的生活必須以參與至善社會為前提。但是，亞里斯多德的社會是仰賴奴隸支撐的貴族社會。因此，他的倫理學主要關切的是特權階級的德行與福祉，而亞里斯多德的政治學雖然有許多值得稱道之處（舉例來說，亞里斯多德比柏拉圖更具有民主精神），實際上是在為令人厭惡的奴隸制度辯護。然而，除了這些讓人不悅的內容之外，亞里斯多德的倫理學與政治學仍有其他意涵要傳達。

亞里斯多德的倫理學所談的是「生而為人的目的」。人類具有目的，而且不是只有立即的目的，像是趕搭公車、工作上獲得晉升、爬山時順利登頂。人類還有最終的自然目的。亞里斯多德告訴我們，一般認為這個目的就是「幸福」，或者更精確地說，是「過得不錯」（「幸福」的希臘文是eudaimonia，通常翻譯成「過得不錯」或「興旺」）。亞里斯多德的《尼各馬可倫理學》（*Nicomachean Ethics*）分析了幸福以及其核心成分的真實本質，特別是理性與德行。他告訴我們，幸福只是至善生活的代稱；亦即不管是哪一種生活，只要能滿足我們的適當目的或「功能」，就是至善的生活。

亞里斯多德認為，幸福不等於快樂的人生，有些快樂會招致墮落與羞辱；更重要的是，快樂只是為了滿足活動而附隨產生的，並非活動的目的或目標。至善的人生並非決定於財富，財富只是幸福的手段；至善的人生也非決定於名譽、權力與成功，因為這些事物取決於他人的突發念頭。幸福的真正意義在於自足與自我完整。亞里斯多德隱約指出，「有些哲學家」以理型來界定善，但他絕不這麼做。亞里斯多德再次顯示他對柏拉圖理論的拒斥。

亞里斯多德將幸福刻畫成「符合理性且依德而行的人生」。至善的人生是積極的人生，至善的人生也不乏朋友（「沒有人會選擇沒有朋友的人生」）。至善的人生是參與社群的人生，也是充滿哲學沉思的人生。

亞里斯多德認為，最重要的活動就是能表現德行的活動。值得一提的是，希臘文的「德行」（arete）也能翻譯成「傑出」，德行是傑出的性格特徵。吸引亞里斯多德注意的德行，都是一些使人之為傑出的特質，如勇氣、節制、正義感、幽默感、誠實、友善，以及籠統一點的說法，容易相處。我們可以發現，這些德行並不具有特別的「道德」（moral）內涵；而對於構成今日倫理學核心的「道德」，亞里斯多德和其他希臘哲學家並沒有明確的看法。事實上，亞里斯多德堅持有德行的人「樂於」有德；一個人想做什麼跟一個人該做什麼，兩者之間並無衝突，德行與自利之間也不該充滿緊張。這已經超越一般希臘人要求的「適度」。德行是指能完美平衡與度量自己的行為，避免極端，中道而行，正如美是對稱與秩序。

10

動盪不安的時代

——亞里斯多德之後

從荒誕人生中解放：尋求心靈平靜的伊比鳩魯

務實的羅馬人，不像講求性靈的希臘人那樣愛好哲學；但是羅馬哲學家也有自己的悲劇要面對，例證之一就是羅馬傑出的哲學家塞內卡（Seneca）的悲慘命運。身為羅馬皇帝尼祿（Nero）——躋身一長串腐敗而無能的暴君之列——的臣子，塞內卡被賜死，而他也順從上意自殺。希臘化時代（古希臘—羅馬〔Greco-Roman〕）[3]哲

[3] 作者注：希臘化時代，歷史上指亞歷山大大帝死後的時代；但是為了論述之便，在本書中也可指稱亞里斯多德死後的時代。

學的產生，為的是面對這些悲劇與不義；而其中持續不斷的主題則是，如何透過理性讓自己從人生的荒誕中解脫。

希臘化時代的哲學表現在各學派的鼎盛上，其中包括直接引領進入基督教的新柏拉圖主義，以及德謨克利圖斯的門徒伊比鳩魯（Epicurus）創立的「伊比鳩魯學派」（Epicureanism）。伊比鳩魯博得「終極派對動物」的名聲，但是他顯然不喜歡這樣的稱號（在今日，「伊比鳩魯」被用來指稱一個人沉溺於感官愉悅，如過於喜愛著侈品）。伊比鳩魯真正信仰的是心靈的平靜（ataraxia）。追求愉悅完全是「自然的」，但是他不鼓勵、也不提倡以追求愉悅為人生目的。伊比鳩魯的主要目標是免於焦慮、或得到寧靜，他說：智者對人生應無所畏懼。即使死亡是完全的虛無，既然是虛無，也就沒什麼好怕的。

亂世的處世之道：斯多葛學派的理性信仰

另一個著名的希臘化哲學學派是斯多葛學派（Scoticism），它是希臘化哲學中最成功也流傳最久的學派。有些斯多葛哲學家在亞里斯多德死後嶄露頭角，如季蒂昂的芝諾（Zeno of Citium，不要與巴門尼得斯的門徒伊利亞的芝諾搞混）以及克律西波斯（Chryssipus）。之後，斯多葛哲學家在羅馬帝國極盛與解體的時期傳布學說，其「人生艱苦」主題所影響的，不只是權力外圍的下層人物，例如奴隸愛比克泰德（Epictetus），還包括處於權力頂峰的人物。事實上，羅馬皇帝奧理略（Marcus Aurelius）就屬於斯多葛學派。

斯多葛哲學家的特徵在於其近乎狂熱的理性信仰，尤其加強了理性與感性的古老對立。斯多葛哲學家認為，情感是不理性的判斷，這些判斷讓我們感到挫折與不幸福。在此之前的幾個世紀，在幾千公里遠的東方，佛陀就曾教導：把欲望降到最低，苦難就能降到最低。愛比克泰德同樣宣稱：「別要求事情如你所願，而應希望事情該發生的就發生，你的日子就會更好過。」

斯多葛哲學家環顧四周，發現自己處於一個愈來愈混亂的世界，一個由虛榮、殘酷與愚昧主宰的社會。此外，不管在人類眼中宇宙是多麼不理性或荒謬，斯多葛哲學家仍然相信宇宙是理性的。他們教導人們在生活上應「順應自然」，自然則「依循理性」，而非情感。事實上，斯多葛哲學家的哲學理想可以簡化為「避免激情」（apatheia），他們相信憤怒毫無意義，只會造成自我毀滅。愛情與友情是危險的，智者不會投入太多情感，也不應該懼怕悲劇或死亡。

斯多葛主義是一種極端的哲學，但是在艱困紛亂的時代能撫慰絕大多數的靈魂。它在羅馬成為廣受民眾歡迎的哲學，並且傳布到羅馬帝國各處。事實上，斯多葛哲學家為禁欲主義（asceticism，自我否定）與信仰所做的辯護，被早期基督徒沿用，並且成為基督教哲學的核心部分。

透過懷疑緩和焦慮

最後，甚至出現更極端的哲學，懷疑論（Skepticism）。懷疑論最早可回溯到皮浪（Pyrrho），直到恩皮里庫斯（Sextus Empiricus）才在羅馬建立學派。皮浪認為，所有的信仰都很荒謬，因為沒有任何事物是可知的。他以魯莽大膽著稱，像是會在懸崖邊閒晃、走入馬群與戰車群中、吃古怪的食物……多虧朋友與門徒的細心看顧才能存活下來（有鑑於皮浪活到九十歲左右，這種哲學似乎真有一定的療效）。懷疑論者比斯多葛哲學家（懷疑論者認為斯多葛學派是「武斷的」）更極端，他們認為任何信仰（包括信仰理性）都是幻覺且不可證成的。懷疑論的信仰也是一種治療形式，一種自我解脫的方式，一種獲得平靜和免於焦慮的方式。因此，古代的懷疑論與現代興盛的懷疑論有著相當大的差異；對於古代的懷疑論者來說，完全的懷疑是智慧，也是一種合理的生活方式。

11

「發現」非洲與美洲之前的時代

美非文化與歷史研究的困難

不論希臘人或羅馬人（即使他們的旅行範圍極廣），還是印度人、中國人以及中東的偉大文明，都不知道其他地方還有一些興盛文明存在，更不曉得當地有著不同的觀念與傳統，以及看世界的不同角度與生活方式。在這些文明中，有些成就甚至足以跟古埃及奇蹟相提並論，特別是中美洲。

對非洲與美洲文化有興趣的歷史學家，必須面對的問題是缺乏紀錄。很多狀況是原本有紀錄，之後卻被摧毀，而且通常是伴隨著文明的毀滅一同亡失。舉例來說，墨西哥的阿茲特克人原本有個相當興盛的哲學學派，名為「事物的認知者」（tlamatinime）；然而，我們只得到他們教學的殘本，這是因為西班牙征服者蓄意燒毀他們的書籍。

更大的問題在於，許多文化的文學傳統完全是口述。當這些文化消亡或完全被殖民者征服，口述傳統通常也跟著瓦解。因此，我們無法得知南美洲文明存在的時間有多長，也不知道它們何時發展與如何發展。我們不知中非雨林荒廢的古城有多古老，也不知納瓦霍（Navaho）、霍皮（Hopi）、奧吉布瓦（Ojibwa）、阿帕契（Apache）、塞米諾（Seminoles）、易洛魁（Iroquois）以及其他數百個美洲印第安部落在北美洲生活了多長的時間。考古證據顯示，北美洲在數千年前已經有人居住，而非洲明顯在一萬年前就已經有人居住。事實證明，非洲與美洲文化之所以沒有歷史，是因為缺乏文字記錄，而不是因為他們缺乏值得一提的哲學。

雖然我們對這些地區文化的學習才剛起步，但是所知的內容正逐漸充實且引人注目。在此，我們只能指出幾個一般性的重點，來說明這股正在成長中的文化意識。雖然非洲擁有數百種文化和語言，但是殖民前的非洲哲學大致上可分成兩個孿生觀念，一個是部族主義（tribalism），另一個則是對自然的特殊認同感。

非洲哲學的部族主義與自然觀

部族主義將個人的認同與意義，建構為處於家族與共同體脈絡下的個人。對當代西方來說，這種觀念也許相當刺耳，因為西方人早已喪失對家族與共同體的感受，轉而擁抱激進的個人主義。然而，對於生活在這種哲學（包括亞洲的儒家文化，以及非洲、美洲與南太平洋的許多部族社會）中的人來說，缺乏具體可見之親族紐帶關係的孤立個人，不是感到無助失落，就是形同已死之人。

傳統非洲部族傾向於將「人」（personhood）視為某種資格，必須經過一段時間成為社群的一份子之後才能取得；與中國相同，儀式在這段過程中扮演了特別重要的角色。成為「人」是一項成就，出生與死亡並不是人的開始和結束。新生兒還不是人，而活在子孫記憶裡的死者儘管身體已死，卻仍然算是人。在取得部族社群成員資格上，成年禮有著關鍵性地位，而成為部族的一員後，就能成為完全的人；同樣地，在人的一生中，儀式與典禮可以讓生活規律與共同體保持一致。對大多數傳統非洲人來說，西方個人的、原子式的靈魂概念相當陌生。在某些部族，如約魯巴（Yoruba，現在主要分布在奈及尼亞）與盧格巴拉（Lugbara，現在主要分布在烏干達），人的社群基礎反映在由多種精神元素構成的人的概念中，這些精神元素是人的生命本質。例如在約魯巴族，祖先的靈魂可以返回子孫身上，有時不只一次。約魯巴人不相信個人靈魂是孤立的，他們認為自己的兒女可能是自己的母親或父親靈魂轉世，「即使當時自己的父母仍然在世」。

基於這種認同感，非洲部族成員一般都很看重祖先崇拜，祖先被視為活在精神世界的居民，可以從旁協助自己的子孫。談到非洲人對自然的態度（許多北美與南太平洋部族亦同），我們只需指出一點，那就是非洲人數千年來接受的哲學視角，西方人現在才開始懂得欣賞。根據非洲人的觀點，人類在地球上的地位並非像《創世記》承諾的、或建立現代科學傳統的培根反覆重申的「支配」其他生物與事物的地位。我們是地球的一部分，我們依賴地球，地球也依賴我們。我們有生態責任，我們周遭的世界，也就是自然，不只是美的資源或科學幻想的來源。簡言之，我們「就是」自然。

我們並不孤獨。非洲與美洲印第安部族社會所特有的「萬物有靈論」（animism），相信自然界所有個體都有靈魂，通常是一些我們無法指出姓名的祖靈附著在上面。對大多數傳統非洲人而言，自然充滿了生命的力量；靈魂居於自然中，在某種程度上，人類可以跟祂們互動溝通，運用這些靈魂的力量，或是將祂們驅趕到別處。非洲人相信人類與自然緊密連結，這是他們傳統信仰的一部分。自然在本質上是精神性的。

從事漁獵的北美印第安人了解，自己對那些提供他們食物的生物虧欠甚多。在他們的觀念裡，殺害其他生物並不是權利，而是出於生存的必要，因此需要感恩與敬意。祈禱，並對食物來源表示感謝，這也許會讓那些在超級市場購物的人感到有點古怪，但是能意識到其他生物是為了人類的利益而被殺，正表現出人性的核心。感恩節的祈禱手勢是絕大多數美洲印第安人傳統共有的特徵，反映出將日常生命視為神聖的傾向。

中美洲的日常、神祕與神聖

往南來到中美洲，當地哲學是三種層次的時間與實在信仰：日常、神祕與神聖。神祕與神聖的實在層次對日常的人類經驗層次有著明顯的影響，而這種影響在時間上是可預測的。這種信仰使人專注於建構曆法與天文觀測。不同的實在秩序之間的均衡相當脆弱，因此，人類必須擔負起維持宇宙秩序的責任。馬雅、印加、阿茲特克與其他部族相信，宇宙要持續存在，就必須仰賴人類的行動與儀式，特別是人類的自願獻祭。此外，與泰利斯及古代巴比倫人認為世界的本質是水這種想法類似的是，馬雅人與阿茲特克人相信血是根本的生命力量。

最著名且令人驚恐的古阿茲特克儀式，也就是大規模血腥人祭，其背後邏輯就是這些信仰結合的結果。同樣地，馬雅諸王諸后定期刺傷自己，藉由流出足量的血，讓自己擁有宗教的視角。他們認為，這種相對適度的犧牲是對諸神的補償，因為這個世界的存在完全仰賴諸神犧牲自己。阿茲特克人的人祭顯然缺乏節制，他們大量殺戮社會中最優秀的青年以及戰俘。有人認為，這種人祭方式可能是阿茲特克戰士無法抵抗西班牙入侵者的主因；阿茲特克人不顧一切犧牲許多優秀的年輕戰士給諸神，以為這樣就能讓諸神擊敗西班牙人。因此，哲學可能是偉大文明的力量，也可能是偉大文明毀滅的原因。

儘管有這些可怕的儀式，中美洲宗教還是具有一種歐洲征服者宗教儀式所沒有的哲學元素：本質性的幽默感。如同印度教與希臘，「惡作劇者」（有時以土狼或狐狸的形象出現）在哲學中扮演著重要的「啟發」角色。我們很容易忘記這種關於「實在」的本質要素，能夠愚弄我們、令我們感到意外，也能驅逐我們的愚蠢。

上古時代致力於發掘並主宰實在，卻逐漸發現人類知識有其局限；儘管如此，哲學家仍試圖超越這些局限。然而，怎麼做才可能有所突破？在西方，基督教的降臨與隨後的伊斯蘭教持續著史詩般的信仰與理性之間的的辯論，其最早的根源是希伯來人的哲學，以及希臘人一些較具異國情調的理論。在東方，類似的辯論也在理智與神祕經驗之間出現。哲學史發展至此，還是應驗了普羅塔哥拉斯而非柏拉圖的說法：人類的視角是人類知識的尺度（雖然不一定是局限）。超越人性的努力將一直持續下去，直到人文主義重提人性的必然性為止。

第二部

信仰與理性

12 基督教的誕生

基督徒的中心：耶穌

基督教的哲學背景不只來自古希伯來人，還包括希臘與中東的哲學，雖然後者不像古希伯來人的影響那麼直接。基督教與佛教及儒家相同，主要以單一個人為中心而發展，這個人就是耶穌「基督」，他生存的年代與地點大約是公元前五年到公元三〇年的巴勒斯坦，該地當時仍是羅馬帝國的一部分。然而，與佛陀和孔子不同的是，耶穌不只是人，甚至神聖亦不足以形容他。他是上帝。

耶穌以彌賽亞（Messiah）的形象出現在耶路撒冷。（「彌賽亞」的意思是「被塗聖油／聖水者」，與希臘文的「基督」同義）。耶穌被羅馬統治者釘上十字架，他的死標示著西方思想巨大的斷裂。從哲學的角度來看，耶穌著重上帝的慈悲與寬恕，忽略上帝的憤怒，這與希伯來聖經中上帝殘忍而懲罰人的形象大異其趣。耶穌並不質疑上帝有時難以預測的正義，卻特別批評那些自以為尊貴而祈求上帝正義的人。他說：「若不通過我，沒有人能到上帝那裡去。」

耶穌的教誨所環繞的主題，原本即屬猶太思想的核心，例如愛，以及幫助不幸者的重要。不過他也教導其他不正統的看法，像猶太律法可以概括為全心愛上帝與愛人如愛己。這種對愛的看重，被基督徒強調為新律法，即愛的律法。耶穌批評那些極力展示自己的聖潔卻不能表現憐憫的人，而這個主題也是得自於希伯來的先知。

基督徒與猶太人都主張一神，他們相信是上帝從虛無中創造世界；然而，在擁抱一神論的同時，基督徒另外提出「三位一體」（Holy Trinity）的主張：首先是聖父，如同猶太教的上帝，強調祂的權力與創世的角色。其次是聖子，上帝顯現在耶穌基督的位格中，化為人類肉體。第三是聖靈，通常被描述為上帝居於人群中時的內在性。神人（God-man）選擇在時間當中出生與死亡，神人的謎團被稱為「道成肉身」

（Incarnation）。幾個世紀以來，猶太教一直強調上帝與人的區別，因此，三位一體觀念的出現特別令人感到震撼。同樣地，上帝在任何意義下都是「內在的」的，既在人性之中，也在人性之間。不論從什麼角度來解釋，這樣的觀念都和希伯來人絕對超越的上帝概念截然不同（雖然內在性的觀念早已在許多亞洲哲學中流傳）。

基督教就像猶太教及祆教，特別關注惡的問題，並試圖了解，為什麼關心人（現在是愛世人）的上帝所看管的世界居然充滿苦難。基督徒和猶太人一樣，從人類原罪的角度來解釋惡的普遍存在，因此也接受了《創世記》與亞當夏娃墮落的故事作為苦難何以進入人類世界的解釋。基督徒對於這種苦難理論的獨特貢獻在於，他們主張人性一直維持著「墮落」狀態，直到耶穌以無辜者之姿被釘上十字架才有了轉變。耶穌擔負起人性的罪責，並且承受贖罪必經的苦難。這是個深刻（在猶太教背負罪惡且自我責難的長期傳統下）又極具緩和性的觀念，也是個（就一般的正義或贖罪觀念看來）極為困難的觀念。

根據基督教的福音書，耶穌的犧牲開啟了救贖之路，也就是如今我們理解的「與上帝合一的永生」。因此，釘十字架被基督徒視為神人關係的改正。雖然來生信仰並未成為猶太人正式教義，卻成了基督教的基本教義。因此，個人救贖的觀念成為基督教哲學的基石，基督教神學的終極個人問題變成：人如何得救？在此同時，三位一體的教義也與一神論的觀點產生許多衝突。

理性與信仰的關係

由於猶太教與基督教都是仰賴書寫文字（分別是希伯來聖經與福音書）的宗教，兩者都遭遇重大的詮釋爭議。對於理性在詮釋聖經時該扮演什麼角色，這是猶太教教義與希臘哲學都要處理的疑義。理性能作為詮釋工具嗎？如果討論主題已經超越理性理解的範圍（如神人教義），理性該讓位給信仰，還是信仰該讓位給理性？儘管猶太教的歷史得出「信仰是核心」的結論，猶太教領袖及經師拉比與希臘哲學家的辯證活動卻顯示了理性的重要角色。

當猶太教與希臘哲學千年來的對峙進入最後幾個世紀，這些爭議很自然地達到成熟階段。斐洛（Philo）是首位援引希臘哲學來建立適當聖經詮釋取向的猶太思想家。斐洛生於希臘文化的中心亞歷山卓，深受猶太與希臘傳統的薰陶，他本人也對這兩種傳統的衝突十分敏感。身為猶太人，斐洛信仰一神論並反對同化；然而，另一方面，他接受的文化與哲學傳統完全是希臘式的。是堅持猶太認同，還是受主流文化同化，這個問題一直是猶太歷史中最長久的爭論，而這個爭論正是自我認同問題的核心。

這樣的爭論反而激起斐洛的興趣，他以希臘哲學的思考方式結合猶太思想，並透過合乎邏輯的論證讓兩者和諧並存。斐洛將聖經故事重新詮釋成有關人的條件與神人關係本質的神祕陳述，他還認為希臘哲學家是受到上帝的啟發，而這個上帝正是希伯來聖經的上帝。對於聖經中記載的各種奇蹟，以及猶太人被標記為「選民」的部分，斐洛則輕描淡寫。如同斯多葛哲學家，斐洛設想上帝遍佈整個世界，因此每個人都明顯有著內在的神聖火花。上帝雖然是超越的，卻還是必須透過「邏各斯」（世界的根本結構）與物質世界產生連繫。柏拉圖筆下的蘇格拉底曾經描述，只是瞥見理型，就足以產生令人目眩的洞見；同樣地，許多猶太人相信，人們應該將目標放在神祕的上帝形象上。我們很容易看出這兩種觀念如何契合在一起，而柏拉圖的「善」日後如何變成基督教的上帝。儘管如此，推論只能帶領人性至此，上帝的本質仍在人類的心靈範圍之外；換句話說，理性必須以信仰來補足。

對上帝的希臘化詮釋促進基督教的興盛

斐洛的哲學與早期的基督教一拍即合，在基督教開啟大門主動招募新成員時，斐洛對於希伯來上帝的希臘化詮釋，使得這個新興宗教更容易打入希臘人（非猶太人）的圈子。然而，光憑這種抽象的柏拉圖式詮釋並不夠，還需要以具吸引力的方式呈現基督教對個人救贖的重要性，以及明白易懂地詮釋神人觀念。在基督教初期，提供這兩種要素的就是聖保羅（Saint Paul）。

聖保羅與斐洛一樣，也是希臘化的猶太人，雖然他早年熱衷於迫害基督徒，卻在改宗之後成為基督教的狂熱護衛者。聖保羅宣稱自己在前往大馬士革途中被擊落下馬，暫時失明，並聽到有聲音問他：「你為什麼逼迫我？」於是聖保羅「看見了光」，因而改信基督教。改宗之後，聖保羅開始鼓吹普世的基督教觀點，堅持新宗教不該區分猶太人與希臘人，聖經中並沒有為「選民」設立特別的規定。正是聖保羅詮釋耶穌為上帝之子，並且引進「聖靈賜予恩寵給基督教社群」的觀念，恩寵則是上帝的賜福，也是獲得救贖的關鍵。正是聖保羅詮釋耶穌釘十字架是替全人類的原罪「贖罪」。他說，上帝將決定誰能得救；而他也和基督早期的追隨者一樣，預期基督不久即將再臨。

13

新柏拉圖主義、聖奧古斯丁與內在精神生命

融合柏拉圖與基督教：新柏拉圖主義

希臘思想對基督教思想的影響相當深遠，而居於兩者之間的中介者，則是以柏拉圖思想為基礎的哲學，名為「新柏拉圖主義」（Neoplatonism，新柏拉圖主義不僅影響基督教，也影響了伊斯蘭思想；後續將說明）。最具影響力的新柏拉圖主義思想家是普羅提諾斯（Plotinus），他強調柏拉圖思想的宗教傾向，並且促使柏拉圖形上學與基督教神學融合。例如，普羅提諾斯將柏拉圖善的理型詮釋為「至高心靈」，使得善被進一步詮釋成基督教的上帝。作為理智，至高心靈展開對其自身的沉思，而

創世乃是至高心靈思索時溢出的結果；換句話說，創世源自於上帝思想的流出。因此，普羅提諾斯的理論常被描述為「流出說」（theory of emanations）。

柏拉圖將物質世界貶低為次要的實在（就像洞穴中的陰影），相反地，普羅提諾斯認為物質世界本身是精神性的，是完全精神心靈的思想。不過，普羅提諾斯也相信，世界的流出含有階序，某個層級的存有從另一個層級的存有流出，而精神作為存有的最高形式則直接從神聖心靈流出。精神照亮了柏拉圖的理型，即神聖心靈沉思的對象。靈魂從精神流出，並藉由超越自身、賦予物質靈魂來指引世間生命。物質只是最低層次的流出。

在基督教剛開始發展的前幾世紀，流出說具有極大的吸引力，因為它滿足了哲學與宗教的需求。柏拉圖區分了神聖領域與物質領域，卻沒有描述兩者的關係，流出說試圖解釋這一點。普羅提諾斯的精神觀點也很吸引人，因為它不打算去除柏拉圖對世界之說明中的「神祕性」，也傳達相當正面的精神訊息。人類的靈魂已具有某種神聖性，即使是日常生活中的物質世界，也是精神性的。此外，世界上並沒有惡，因此就沒有惡的「問題」。我們遭遇的是善的缺乏，這一點可以透過人類的努力來改正。

聖奧古斯丁談惡的問題

聖奧古斯丁（St. Augustine）進一步發展了普羅提諾斯「惡是善的缺乏」的看法。結束年少耽溺於肉欲的日子之後，聖奧古斯丁開始尋求解方回應惡的問題，第一個吸引他的解答是摩尼教徒所提出。就像瑣羅亞斯德所認為，摩尼教徒相信世界是善惡大戰的顯現。不過，聖奧古斯丁很快就對這種學說感到幻滅，轉而透過柏拉圖與普羅提諾斯的作品研究新柏拉圖主義。在三十三歲改信基督教之後，聖奧古斯丁便完全投入從哲學上整合基督教教義、柏拉圖哲學，以及新柏拉圖主義的工作。聖奧古斯丁接受普羅提諾斯的觀點，認為真實的實在是精神性的，所有的存有都源自於上帝，並且從基督教三位一體的教義來理解普羅提諾斯所言的各種流出層次。聖奧古斯丁接受柏拉圖的觀點，認為沉思的人生是獲得知識與幸福的唯一方法；身為基督徒，聖奧古斯丁深信聖經是獲得啟示的適當指引。

上帝創造世界時，也完美地創造了人類與其他生物，並賦予他們追求自然與（就人類而言）超自然目的的天性。聖奧古斯丁認為，在他之前的希臘哲學家很恰當地描述了人類的自然目的，但是規避、或疏忽了人類的超自然命運，也就是在蒙受賜福的狀態下，與上帝神祕地結合為一；同樣地，對於惡的問題也是如此（他認為普羅提諾斯並未解決惡的問題）。雖然造成苦難的自然災害可能有其他意涵，但是聖奧古斯丁堅持，我們只是尚未從上帝整個創世計畫中看出天災的終極意義；若是能設想上帝的計畫，我們將會看出祂的創世完全是善的（與普羅提諾斯的說法相同）。這項神聖計畫的核心，在於允許人類密切享有上帝自身的本質，即上帝賜予人類自由意志（free will）這個偉大祝福。

不同於其他遵照上帝計畫而無失敗的創世面向，聖奧古斯丁認為，上帝允許人類決定自己的行動。上帝創世的最終完成，在於上帝允許人類自由選擇相信上帝，並且參與實現上帝的計畫；然而，由於人類能自由選擇，因此不能說是上帝讓人類陷入罪惡。罪的可能性是自由意志的必然特徵。上帝並未讓人類陷入罪惡，相反地，祂賦予人類克服罪惡的能力，並賜予人類恩寵與神聖指引。

聖奧古斯丁對西方哲學最大的一項貢獻，或許是他對個人內在生命的探索與強調。「我思故我在」這句話，一般認為出自十七世紀的法國哲學家笛卡兒；然而，早在笛卡兒之前一千兩百年，就已出現在聖奧古斯丁的著作。正是聖奧古斯丁超前其他哲學家，詳述自己的「內在」或「主觀」經驗，而其精神自傳《懺悔錄》（*The Confessions*）仍是西方文學中最大膽也最坦白的自我省察。

聖奧古斯丁認為，上帝與人類靈魂的關係屬於宗教的核心關懷，因為靈魂是「照著上帝的形象」所造，自我知識因而成了認識上帝的途徑。由於聖奧古斯丁，我們在哲學上出現了其中一次最劇烈的轉折，轉而「向內」（雖然類似的轉折也出現在幾個世紀前的佛教，而蘇格拉底當然也在同一條思路）；也由於聖奧古斯丁，個人的、內在的精神生命開始占據西方思想的中心位置。

14

前往麥加

——伊斯蘭教的興起

伊斯蘭教先知：穆罕默德

穆罕默德（Muhammad）原本是麥加商人，後來成為伊斯蘭教的重要先知與創立者（「伊斯蘭」〔Islam〕一詞源自salam，意思是「安寧與順從」，即順從真主而得安寧）。穆罕默德四十歲時為了尋求宗教僻靜，到山中隱居，在那裡得到了啟示。他在天使加百列（Gabriel）的命令下「複誦」，複誦的內容就是神聖的啟示。《古蘭經》（*Qur'an*）是這些啟示的謄本。《古蘭經》的內容被視為神聖之物，即使是書頁上的文字也是神聖的（因此，阿拉伯文《古蘭經》並沒有真正的譯本，頂多只能說是「詮釋」）。伊斯蘭教與猶太教及基督教一樣，都是「書的」宗教。

在伊斯蘭教之前，阿拉伯世界的宗教表現在對於各種神靈、或稱為「精靈」（jinn）的崇拜上，阿拉（Allah）只是麥加當地崇敬的諸多神祇之一。但是，穆罕默德教導信眾信奉阿拉，因為他相信阿拉是唯一真主，也認為阿拉就是基督徒和猶太人信仰的上帝。穆罕默德接受猶太先知與耶穌的真實性，他的追隨者亦然。然而，穆斯林相信穆罕默德是最後一位也是最偉大的先知，他的使命是恢復真正的一神論，宣揚上帝（阿拉）的慈悲，並且統一分崩離析的阿拉伯家族，讓他們在共同信仰下結合成單一國家。

伊斯蘭教的特色

伊斯蘭教與古希伯來人的宗教一樣，都能作為潛在的政治力量。在《古蘭經》中，阿拉伯人是阿拉的「選民」，其根源可上溯（如同希伯來聖經追溯他們的源頭）到亞伯拉罕。儘管如此，伊斯蘭教對於其他信仰同一位真神的人都抱持開放態度，包括基督徒、猶太人以及阿拉伯人。不過，這樣的態度也引發爭議：如何在伊斯蘭教的普世性訴求，與伊斯蘭教作為阿拉伯人宗教的特定概念之間做出平衡？類似的爭論也曾在基督教初期出現過：到底基督教運動應該理解成猶太教的宗派之一，還是一個平等擁抱非猶太人的普世信條？

伊斯蘭教的魅力在於簡潔易行，其主要要求只是一句確認：信徒一生至少必須公開確認一次「萬物非主，唯有真主，穆罕默德是真主的使者」。這是伊斯蘭教「五功」（Five Pillars of Islam），也即信徒基本義務的第一功（其他四功是：祈禱、施捨、齋戒月禁食，以及一生至少到麥加朝聖一次）。

從哲學層面來看，強烈的社會與經濟正義觀念是伊斯蘭教教義的基礎，這可明顯從第三功對慈善的強調看出。伊斯蘭教有許多神學思辨是以這樣的公理為前提：真主是絕對的正義。然而，正義擁有兩種互補的意義，一種是同情，這可表現在慈善上；另一種則是報復，為惡者必須受到懲罰，正如行善者應該得到獎賞。應當從正義的角度來看，才能理解伊斯蘭教的「聖戰」（jihad）概念，它的真正意義是抵抗邪惡。「聖戰」觀念也延伸到內在生命，「為真主而鬥爭」包括信徒為了讓自己的生命與社會獲致更高的宗教意識而進行的內在鬥爭。確保真主的正義得到彰顯，是伊斯蘭教解決惡的問題的方式；人類對自己的行為負責，而真主懲罰犯下惡行的人是公平的，因為人類擁有自由意志。穆斯林與基督徒相同，相信每個人都擁有不朽的靈魂，死後不是上天堂就是下地獄；即使生前犯罪未受懲罰、行善未受獎賞，死後終究能還其公道。

不管在形上學還是社會哲學，伊斯蘭教的世界觀都抱持著基本的平等主義（egalitarianism）。柏拉圖和新柏拉圖主義傳統認為，物質世界是低等的，但是伊斯蘭教傳統則認為，物質世界是真實且良善的（中世紀伊斯蘭教強烈的科學傳統，直接反映他們對自然世界價值的信念）。而就社會層面來看，伊斯蘭教認為每個人在真主眼中都平等，但普世平等的教義會讓《古蘭經》的詮釋變得更複雜。在伊斯蘭教一些宗派中突出的觀點認為，《古蘭經》有幾層意義：「通俗」層次；只要透過理性與常識，所有讀經者都能理解、領悟其文字意義；稍微艱深一點的「奧祕」層次；唯有受過適當訓練與傳統的人，才能理解。凡是接受《古蘭經》有多種層次意義的人都相信，要適當理解《古蘭經》，最終必須仰賴訓練有素且擁有特權的個人權威（猶太教與基督教有沒有這種擁有特權的個人存在，一直是個爭議）。

15 內在心境的轉變
——神祕主義與禪宗

各宗教中的神祕主義

神祕主義是一種橫跨各種宗教傳統的哲學（也許可說是特殊的經驗概念），包括西方三大宗教在內。這是意識為了超越日常經驗的實在、邁入更高層次實在而做的轉變。舉例來說，印度的瑜伽是一種訓練，在這訓練中，做瑜伽的人運用技巧控制自己的心靈與身體，與「梵」合而為一。同樣地，許多佛教徒藉由自律的冥想，超越拘束日常心靈的幻覺。猶太教與基督教的神祕主義詮釋者則堅持，真實的洞察來自於接觸更高層次的實在。其中兩個有名的例子：一個是早期基督教諾斯底宗派

（Gnostic sects）組織的奧祕主義（esotericism），他們相信洞察憑藉的是初學神祕知識；另一個是西班牙神祕主義者阿維拉的德蕾莎（Teresa of Avila），她記錄了自己的神祕經驗，其中不乏詳細的情色情節。

成為神祕主義者是危險的事，最為人熟知的基督教神祕主義者艾克哈特（Meister Eckhardt）是日耳曼道明會修士，曾被指控為異端。艾克哈特的作品遭到教宗責難，因為他的陳述聽起來太像是在反對正統教義，例如他認為創世與造物主合而為一，並與上帝同歸永恆。伊斯蘭神祕主義者哈拉志（Al Hallaj）於西元九二二年遭到刺殺，因為他在宗教體驗的顛狂狀態下高喊「我是真主」。

猶太神祕主義強調，聖經可以從幾個層次來理解，其中幾個較高的詮釋層次，只有受過適當訓練與教導的人才能領悟。猶太神祕主義者發現聖經中的「內在教義」，而他們也運用了「卡巴拉」（kabbalah）。卡巴拉包含了從中世紀開始出現的神祕主義文本（「卡巴拉」字面意義是「傳統」），其思想藉由「十流出物理論」（稱為神的十屬性，sefiroth）發展出一種對《摩西五經》的詮釋。上帝是所有存在的終極根源，但沒有任何事物能說明上帝本身。

絕大多數神祕主義傳統相當謹守正統教義，有些（例如猶太教哈西迪社群〔Hassidic community〕）甚至抱持相當保守的宗教觀點。儘管如此，神祕主義對個人努力與個人經驗的仰賴，還是為有組織的宗教權威帶來了哲學問題——有時甚至是實踐問題。

蘇非主義（Sufism）是伊斯蘭教內部一個顯赫的神祕主義傳統，這種思想拒絕相信，能接近奧祕層次的人只局限在聖人及其門徒構成的菁英團體。他們相信，神的恩寵使得《古蘭經》奧祕層次的意義也能被致力於實踐蘇非神祕主義的人所理解。蘇非派培育出各個自我完善的階段，以達到完全全神貫注於真主的理想狀況。到最後，信徒將能獲得靈知（gnosis）、去除自我（ego），以及在狂喜的體驗中與真主合而為一並得知所有的真理：真主以愛創造世界，世界是真主自身存有的溢出。

簡潔的禪宗

公元一千年左右，在地球的另一端，佛教由中國傳入日本。禪宗綜合了日本傳統宗教與佛教，在此同時，日本武士階級正好興起；禪宗的簡潔吸引了日本武士，就像伊斯蘭教的簡潔吸引了阿拉伯戰士。早期佛教形式看重學問、善行與禁欲修行，但是禪宗不再強調這些形式，反而認為人人都能覺悟（日文稱為「悟」）。要達到覺悟，必須打破每日慣常的模式與邏輯思考，禪宗極力主張冥想是達到覺悟的手段。傳統的技巧是利用公案，例如提出難題：「單手拍手是什麼聲音？」我們平常的思想習慣很少為處理這類問題做準備，因此，冥想公案的過程往往能一一顛覆這些思考習慣。

想要了解禪宗展現的創新感，可以將禪宗的簡潔及普世性對比於清少納言和紫式部著作中明顯的唯美主義（aestheticism）、菁英主義（elitism），後者出現於禪宗之前大約一個世紀。清少納言的日記（或名《枕草子》）是日本文學最重要的一件作品，而紫式部的《源氏物語》則公認是世上第一部小說。公元十世紀的最後十年，清少納言與紫式部都曾進宮侍奉。雖然《枕草子》與《源氏物語》並非系統性的哲學作品，卻傳達出唯美與美學沉思的哲學觀，也都反映出當時的政治菁英主義（或許人們也能從這兩部作品中看到原型女性主義對男性的態度，兩位作者都明顯覺得自己與男性平起平坐）。

道元可說是早期禪宗最重要的人物，他堅信禪是一種哲學自律。道元認為身體與心靈是合一的，因此推廣一種專門用來冥想的姿勢，稱為「坐禪」。坐禪的目的，是為了進入道元所說的「前反思」（pre-reflective）或「無念」的心境；藉由掃除心靈中所有的平常的分類及概念化，人們更能領會佛教諸法皆空的洞察。事物之所以如其所是，只是因為事物與其他事物產生了關聯；道元認為，一旦獲得洞察，就會發現所有的事物都是「無」。唯一存在的是「佛性」，所有的事物都有佛性，並都分享了佛陀「覺悟」的狀態。

16

理性與信仰
——逍遙學派的傳統

理性與信仰的哲學爭辯

從公元十世紀過渡到十一世紀的這段期間，要說有什麼單一爭議可以引起哲學界的熱烈討論，那一定是信仰與理性的爭論，以及兩者在宗教中扮演的角色。伊斯蘭神學家認為，理性在詮釋《古蘭經》上占有中心地位，但他們也對理性在宗教上扮演的角色有所疑慮，理由與猶太教及基督教神學相同。有些穆斯林質疑運用人類理性來理解阿拉是否適當。因為阿拉並非人類的能力所能及；不過，另一些穆斯林則認為理性是阿拉的餽贈，因此在宗教上完全合宜。這類辯論在被稱為「逍遙學派」

（Peripatetics）[4]的思想傳統中頗為流行，而這個傳統的影響力也傳布到伊斯蘭教以外的西方。

阿拉伯人入侵波斯與拜占庭帝國時，在征服地區傳布阿拉伯人的語言與宗教，不過這種影響是雙向的。遇到希臘、猶太與基督教的哲學論述傳統之後，阿拉伯人也著手發展相似而且是他們自己的傳統；巴格達成為伊斯蘭教的中心，阿拉伯文則成為主流的學術語言。大約在公元七五〇至九〇〇年之間，大批希臘作品被翻譯成阿拉伯文，包括柏拉圖、亞里斯多德與普羅提諾斯。在這些作品薰陶之下，阿拉伯學者發展出自己的哲學術語，某些詞彙直接從希臘文改換而來，例如「falsafah」就是來自於希臘文的「philosophia」。

受亞里斯多德影響的阿拉伯與波斯哲學家

在學習亞里斯多德的過程中，阿拉伯與波斯哲學家嘗試系統化所有知識。由於逍遙學派深受普羅提諾斯的影響，因此在詮釋亞里斯多德時，往往帶入「流出」

觀念。例如，波斯哲學家金迪（al-Kindi）雖然依循亞里斯多德的學說，卻也接受普羅提諾斯的觀點：萬物都由神聖太一一連串的流出所構成。同樣地，阿拉伯哲學家阿維森納（Avicenna）也認為，真主理智的流出構成了階序，我們的世界是最低的一層。他描述的真主，超越並遠離人類的日常世界；儘管如此，所有真主創造的生物仍可藉由愛與真主連繫。

阿威羅伊（Averroës）大力批評創世是從神聖流出的觀點，他堅稱真主並不遠離人世，而是主動介入世界，並且完全了解自己的創造物。阿威羅伊拒絕接受新柏拉圖主義的架構，同時也認為亞里斯多德比逍遙學派更具自然主義色彩。他主張理性與啟示相容，但也承認真理的存在有程度之分。《古蘭經》提供真理給各種人，但是每個人的脾性不同，獲得真理的方式也不同。對於一般人而言，淺白的文字已經足夠，但是受過教育的人也許需要更具說服力的論證。因此，理性的角色才顯得重要。

4 作者注：逍遙學派，因這個學派的思想家對亞里斯多德的讚賞而得名，據說亞里斯多德在授課時會「四處走動」。

阿拉伯文是中世紀的學術語言，即使是伊斯蘭教傳統之外的學者，也用阿拉伯文撰寫哲學作品。其中最著名的是邁蒙尼德斯（Moses Maimonides），一個出生於西班牙、移居埃及的猶太人。邁蒙尼德斯的偉大成就之一，就是組織並系統化「米示拿」（Mishnah，幾個世紀以來拉比對希伯來聖經的討論）。與同時代大多數的阿拉伯與波斯哲學家一樣，邁蒙尼德斯以亞里斯多德哲學為論述基礎，亞里斯多德的影響明顯表現在邁蒙尼德斯的名著《解惑指南》（*Guide to the Perplexed*）中，他在書中試圖調和宗教與理性。邁蒙尼德斯認為，哲學應該從屬於啟示，但是理性可辯護啟示所彰明的真理。他特別指出，科學知識不應造成人們放棄宗教，這種重要說法被往後的伊斯蘭教學者廣泛接受。

17 恩索上帝——經院哲學

經院哲學初期代表人物：聖安瑟姆

經院哲學（Scholasticism）標誌著約一〇五〇至一三五〇年間中古基督教思想的神學顛峰，其中心主題是以亞里斯多德為基礎的哲學思辨方法。經院哲學家接受天主教信仰的基本前提，並且相信人類理性能用來擴展從啟示中學得的真理。他們的理性觀點也受到聖奧古斯丁影響，後者相信上帝藉由聖經來啟示人類，同時也給予人類理性能力，使人類能通曉真理。此外，經院哲學家也深受逍遙學派影響。

經院哲學初期最值得一提的人物就是聖安瑟姆（St. Anselm）。聖安瑟姆承認聖奧古斯丁是重要來源，但與聖奧古斯丁不同的是，聖安瑟姆並不熱衷於柏拉圖理型論與新柏拉圖主義的流出說，他的哲學事業是探索信仰的奧祕。聖安瑟姆的格言是「信仰要求理解」，因此，他不僅對研究主題投入情感，也投入理智。他深信，在啟示所得的真理中，至少有一些可經由嚴謹的邏輯論證加以證明。聖安瑟姆最著名的論證是上帝存在的本體論證明[5]（後來康德如此稱呼），這或許是受阿維森納的影響。本體論證明顯示，事物的概念以事物本身的存在為前提。聖安瑟姆從未想過要以他的證明來說服非基督徒，他只是堅持，論證可以信徒更清楚理解上帝的本質。

在本體論證明中，聖安瑟姆認為上帝的定義隱含上帝的存在。根據聖安瑟姆的說法，我們「無法設想存在著比上帝更偉大的存有」；即使是不信上帝的人，也能理解這就是「上帝」的意義。從定義上看來，上帝是最完美的存有，因此無法設想出比祂更崇高的存有。以此推論，上帝必須存在；如果上帝僅是一種可能性、一種空有堂皇的觀念而無所指之物，人們就能設想出更完滿的存有，亦即一個符合完美觀念且又存在的存有。一旦人們接受上帝是可設想且最完美存有的概念，也能從邏輯上肯定上帝存在。

經院哲學時代的邏輯學家：亞培拉

亞培拉（Peter Abelard）是經院哲學時代傑出的邏輯學者。他在歷史上最有名的，是他與學生哀綠綺思（Héloise）的愛情故事，而他們往來的書信成了西方文學史上最感人的情書集。然而，身為哲學家，亞培拉主要的興趣在於我們今日稱為「語言哲學」的領域上。與今日許多哲學家的意見相同，他認為絕大多數神學與哲學的混淆，都是語言與文字意義混淆的結果。

亞培拉的哲學名聲關聯於其指稱理論（doctrine of name）或唯名論（nominalism）。首先，亞培拉認為字詞只是名稱，即「能指」（signifiers），而「能指」所指示的事物即為「所指」（signifieds）。然而，並非所有的字詞都能指稱實體，什麼樣的字詞才算是名稱？他特別指出，這個問題可上溯至柏拉圖與亞里斯多德對字詞的討論，例如用來指稱類別（即無窮的「殊相」〔individual〕組成的群體或類型，例如「貓」）、性

5 編注：本體論證明（ontological proof）是一個哲學論證，試圖從邏輯推論出上帝或其他超自然物的存在。

質（許多不同的物體都具有「共相」（universal），也就是共享相同的性質，例如「紅色」）與理想類型（例如「三角形」）。共相的問題在於，這些用來指稱類別、性質與理想類型的字詞，實際上指稱的是否為實在的實體，即貓、紅色或完美三角形等本質或柏拉圖式的理型。

有些邏輯學家（被稱為「實在論者」（realist））堅持認為類別、性質與理想類型這些特有的實體的確存在，其他邏輯學家（又稱為「概念論者」（conceptualist））則堅持，共相只存在於心靈中。亞培拉採取激進的觀點，認為只有殊相存在。他反對共相存在，也否認實在論者的觀點，後者主張事物擁有本質，而本質讓事物如其所是。亞培拉則認為，世上並不存在柏拉圖所謂貓的理型、貓的本質，唯一存在的只有一隻隻為數眾多的貓；世上並不存在紅色，只有無數的紅色事物；世上並不存在柏拉圖的三角形理型，只有一個個具體的三角形。字詞以共相來誤導我們的思考，但是共相並非實在之物；當我們使用語言時，字詞只是我們假設出來的建構物。

亞培拉運用字詞與實在之間的嚴格區分來詮釋聖經，他認為宗教權威之間的明顯衝突，藉由觀察他們如何以不同方式使用同一字詞，很可能獲得解決。亞培拉是第一位以現代意義使用「神學」一詞的哲學家，他用神學來指稱針對宗教奧祕所進行的理性調查。亞培拉重拾持續了千年的論辯，主張應以理性來審視啟示，凡是未經理性辯護的信仰，都只能算是意見。由於亞培拉相信理性能洞察宗教真理，他堅持古希臘人對於基督教教義有著值得讚賞的貢獻，即使他們僅僅約略瞥見了三位一體的本質。

經院哲學的集大成者：阿奎納

阿奎納（Thomas Aquinas）是經院哲學最重要的代表人物，他想要顯示基督教信仰立基於理性之上，而自然的固有法則是理性的。阿奎納深受亞里斯多德影響，認為亞里斯多德的重要性無庸置疑（與阿奎納同時的許多神學家也抱持同樣的看法），因此總是不直呼其名，而稱其為「哲學家」（the Philosopher）。阿奎納是偉大的集大成者，主張理性與啟示各有屬於自身的領域。理性是用來學習自然世界真理的適當工具，啟示則是與超自然世界有關；必須藉由自然世界與超自然世界的關係，才能認識自然世界的真實地位。

理性與啟示領域的區分，使得阿奎納能在基督教世界觀中騰出一塊顯著的空間，安置亞里斯多德的哲學；而阿奎納對亞里斯多德哲學的支持，也在基督教思想內部創造出較為關注自然世界與人類活動的領域。相較於此，早期基督教思想具有較濃厚的柏拉圖色彩，強調自然世界的不實在性，與真實且神聖的理型世界形成對比。不過，阿奎納也認為自然世界反映了上帝律法；透過理性，認識日常經驗世界可理解的結構，人類也因此得以洞察上帝的心靈。對於仍處於防衛狀態的科學研究而言，阿奎納的說法無異是一大助力。

阿奎納看到整個自然世界盡是上帝律法的成果，認為沉思自然可以引領理性走向上帝，他透過「宇宙論證明」（cosmological proofs）的形式提出上帝存在的論證，也就是從真實的存在推論出對終極的解釋。舉例來說，偶發事物的移動，在因果上仰賴其他事物推動該事物；而基於亞里斯多德的看法，無限回溯先前的推動者是不可理解的，因此阿奎納深信，這項認知可以引導心靈尋求第一推動者。在上帝存在的五項證明（或稱為「五路論證」）中，阿奎納針對每一項都做了類似推論，從自然世界偶發的事物存有，推導到超越偶發存有的必然存有，即上帝。

因此，人類道德並非只是自由或獸性的結果，而是上帝賦予人類的本性。道德跟自然一樣仰賴自然法則，道德原則早已灌輸在我們內心，只需透過理性就能挖掘出來。阿奎納雖然強調理性，也堅持理性有其局限，他認為要洞察天界上帝的神聖領域，啟示是必要的。

18

宗教與哲學的「重生」

——文藝復興與宗教改革

人文主義與個人尊嚴的重生：文藝復興

直到十五世紀，天主教會一直主宰歐洲大部分地區的哲學發展，之後的兩次大騷動挑戰了教會的權威與宗教觀點：一次是十五世紀末傳遍歐洲的文藝復興（Renaissance，重生），另一次則是始於一五一七年十月三十一日，馬丁．路德（Martin Luther）在威登堡教堂的大門釘上九十五條「論綱」，點燃了宗教改革。

文藝復興尤指人文主義與個人尊嚴的復興，其支持者主要來自於具有教養與文化的新市民階級。文藝復興是文學與藝術的運動，最珍貴的產物是「人文學」，這些學科被視為每個有教養的市民都必備的素養。不過，與當時及今日論戰者的指控相反，文藝復興的人文主義並非完全是世俗或無神的。在許多方面，文藝復興仍具有中古氣息，有時還帶點神祕；重要的是，這第一次出現對於個人尊嚴的強調，而對個人尊嚴的重視是在基督教的擁抱以及猶太—基督教的傳統中誕生與孕育的。

文藝復興並非如一些好鬥的支持者所說，是「重新開始」、回春、狂熱而實驗的時期，而是特別表現在古典作品的再發現或新強調，古希臘羅馬文獻正是一例。從這個意義上而言，文藝復興的存在顯然多虧了伊斯蘭世界，後者保存了許多被教會禁絕的文本。

此外，文藝復興也是從歷史的恐懼解脫的象徵。隨著殺死全歐三分之一人口的瘟疫（黑死病）過去，以及死傷慘重的英法百年戰爭結束，我們可以理解民眾歡欣鼓舞的情緒。文藝復興的人文主義，可視為針對過去那段可怕歲月的反動。封建制度崩潰後，重商主義與探索欲支配了歐洲，而這些現象很快就成為資本主義的動力。

宗教改革的興起：馬丁．路德

大多數新教徒認為，宗教改革是基督教的道德革新運動，而宗教改革也源於人文主義（與民族主義〔nationalism〕，民族主義將宗教團體界定在文化與歷史的領域內）。路德最急迫的哲學關注，是西方傳統的長久問題：惡、原罪與救贖的問題。從聖保羅以降，基督教最引人注目的特徵就是罪的赦免，但是，個人如何確定自己的罪獲得赦免？路德深信，天主教會已經腐敗到利用信徒的懷疑和恐懼來「販賣」赦免的地步，而「贖罪券」就是其中一種方式。贖罪券觀念預先假定了，人類行動（不管是複誦祈禱文、還是施捨）可以影響一個人的救贖；依照路德的看法，這種觀念等同於主張可以賄賂上帝或購買救贖。

路德以聖奧古斯丁哲學為根據，強調人性中罪的本質。他認為，人類本質被肉體的欲望與精神的渴求撕裂並分割，肉體和精神的內在戰爭達到極致就是自暴自棄；雖然如此，上帝的恩寵仍然不可購買或不可爭取。路德否認善功在確保救贖上是必要或充分的，基督徒有彼此相愛與彼此照顧的義務，但是履行義務並非救贖的條件。

部分人文主義傳統強調宗教情感與個人信仰，路德正是此一面向的代表；他反對強調理性論證的經院哲學，也不是亞里斯多德或阿奎納的崇拜者。路德認為，在人性處於墮落的情況下，所有的人類能力都敗壞了，包括理性。理性通常太過驕傲地嘗試解釋超越理性能力範圍之外的信仰，真誠的信仰需要經驗，並不是論證，而經驗是每個人都能得到的。路德堅持信仰本身即為救贖的核心，這種看法加強了在聖奧古斯丁那裡已經極為明顯的對「內在」的強調；有信仰的人可以且應該信靠上帝的慈悲，並持守謙卑與悔罪的態度。基督教現在被安放在精神性的內在生命中，而非教會體制或神學體系中。

喀爾文談救贖預定論

法國宗教改革家喀爾文（John Calvin）不同於路德，他反而強調教會體制與神學體系的重要。對「內在」的重視只會讓一些狂野的個人信仰概念有機可乘，造成宗教與哲學的混亂狀態。因此喀爾文堅持必須有一些明確依據，以區別宗教真理與異端。此外，喀爾文對於人類原罪的強調遠遠超過路德，他認為人類受原罪的敗壞太過嚴重，即使是新生兒也應該下地獄。他主張，除非人類成為以行動彰顯上帝恩寵的媒介，否則人類活著只是毫無意義。

根據喀爾文的說法，就算罪人反抗上帝的意志，也無法脫離上帝來行動。因此，就某種意義來說，上帝寬恕了他們的罪。在「預定論」（doctrine of predestination）中，喀爾文陳述了這種神與罪的弔詭關係。為了解釋為何是某些人而非另一些人聽到上帝的話語，喀爾文主張，上帝已經預先選定誰能得救與誰下地獄。然而，即使是這一小部分得救的人，也沒有得救的「資格」，他們仍是罪人；上帝只是選擇赦免他們，祂的赦免是給被選擇者的禮物。

既然無法爭取資格，人們自然想知道：「我會不會得救？」因此，儘管新教徒不強調人類的努力與善功，許多新教徒仍一意行善，世俗的成功成為賜福的象徵。有人因此認為，現代資本主義是這種執念的結果。

時代衝突摧生的哲學家：伊拉斯謨斯

宗教改革自然引起天主教會的反動，也就是反宗教改革；在雙方的持續衝突下，歐洲經歷了幾十年最血腥的時期。然而，教會與宗教改革的衝突，不應完全區隔於文藝復興之外，後者使得爭論的知識與學養層次隨之提升。因此，宗教騷亂催生了一些偉大哲學家，例如荷蘭的卓越聖經學者伊拉斯謨斯（Desiderius Erasmus），他最著名的作品是針對當時的諷刺文《愚神禮讚》（*In Praise of Folly*）。身處於反宗教改革與宗教裁判所之中，伊拉斯謨斯提醒我們，人生最有價值的並非智慧或虔誠，而是愚蠢；如果人們擁有可以預知結果和影響的智慧，誰還願意結婚、生育、參政、戀愛或成為哲學家？伊拉斯謨斯以贊同的語氣引用索福克勒斯（Sophocles）的說法，為高度反哲學的立場辯護：「最幸福的人生就是完全無知。」在充滿暴力與宗教爭端的時代，這種略帶偽蘇格拉底式的謙卑最受歡迎。

19 新科學及其政治影響

為新科學辯護的哲學家：培根

文藝復興看重人文學，其中也包括了新的科學面向。由於科技與數學的發展，特別是最令人驚嘆的科學革命，使得科學研究蒸蒸日上。哥白尼就認為，宇宙的中心是太陽，不是地球。長久以來，科學知識的追求一直處於神學教條下的次等地位，現在地位突然攀升，因而與教會形成長期、有時甚至是野蠻的對抗關係。一六〇〇年，布魯諾（Giordano Bruno）被控異端而燒死在火柱上；不久之後，伽利略（Galileo）也被迫撤回他的哥白尼式觀點（直到一九九二年，天主教會才正式恢復他的地位）。

然而，過度誇大科學與宗教的衝突也不恰當。由於自然一直被視為上帝的「手工藝品」（這種概念源自於古希伯來人，之後又有阿奎納為之辯護），因此科學也成了一種啟示的方式，一種欣賞上帝奇蹟的方法。在大部分情況下，教會很樂於容忍科學，只要它不抵觸教義。

十五世紀時，亞里斯多德的學說仍是科學界的主流，公元前四世紀的理論與假說仍被視為常識。十五世紀後，這些「常識」不再被人輕易接受，普遍流行的懷疑主義成了健康的態度。諷刺的是，新興的人文主義卻是建立在這個令人震撼的發現上：人類與人類居住的地球並非宇宙的中心。

哥白尼與伽利略的「新科學」需要哲學說法，以便對抗教會與亞里斯多德的獨斷主義。新科學找到的辯護者是培根（Francis Bacon）。培根通常被視為現代科學傳統的建立者，這意味著，他與亞里斯多德決裂，並且堅持「重新開始」用純粹經驗與實驗的方法調查世界。培根本人並不是科學家，他不像哥白尼、伽利略、克卜勒（Kepler）與牛頓（Newton）那樣以自身的理論或發現聞名於世。培根的成就在於將科學與一般知識理論化，特別是他闡明了實驗方法，這對伽利略與科學的未來有深遠的影響。正是培根制定出今日教科書版本的「科學方法」，包括仔細觀察以及受控制且井然有序的實驗。科學方法使得人們要求重新檢視所有古人可能已經解決的問題。

為了對抗過去的教條，培根嘗試合理化「為知識而知識」。這句話不應被誤解成研究不需考慮成果（今日有許多人即是如此），培根堅持的剛好是相反的意思，亦即知識是「有用的」。事實上，他曾說過一句名言：「知識就是力量！」培根也主張，如同《創世記》所應許，科學是人類對自然的終極支配，也是對上帝工作的研究，其正當性不亞於研究啟示的來源與上帝的「話語」（Word）。

培根賦予科學平等主義的地位：堅持任何人只要使用正確方法，都能發現真理，科學不是天才獨占的領域。這種說法將成為相當重要的政治主張。不過，這並不是說培根只是單純地為「常識」辯護，其哲學最有力量的一面在於，他批判人性中各種「偶像」，認為這會阻礙或扭曲適當的科學探索。這些「偶像」包括我們從長輩那裡接受而從未質疑的偏見與錯誤觀念。人類信念有一種天生的惰性或保守性，使人難以放棄既成、舒適卻錯誤的信念；一廂情願的想法、個人的希望與欲望，經常掩蓋了細心的感知與「真實經驗」。此外，我們的感官並不完全可靠，培根的觀點不僅和古人相同，也跟他的後繼者笛卡兒一樣。最後一個重點是，培根抨擊人們相信亞里斯多德目的論的解釋。他認為，自然之所以如此運行，並非因為萬事萬物有其目的，而是因為它們依循因果律。

新科學的政治意涵

培根新科學概念的政治面向，並沒有被他的朋友霍布斯（Thomas Hobbes）遺忘。霍布斯是新科學的先鋒，也是對亞里斯多德目的論宇宙觀的死硬批評者。此外，霍布斯還是現代政治理論最具影響力的建構者，強烈反對亞里斯多德所謂人「天生」就是社會動物的觀點。身為形上學家而非科學家，霍布斯發展了純粹唯物論與機械論的世界模式，認為世界只是「移動中的物質」。這種論點或許是德謨克利圖斯以來最不具人味、最缺乏色彩的宇宙觀點；不過，這麼激進的觀點勢必引發與之相反的觀點。霍布斯也許相信機械式的宇宙，但是他的宇宙絕非沒有上帝的宇宙。霍布斯的思想事業中有一半（在他最著名的作品《利維坦》〔*Leviathan*〕中占了一半的篇幅）是花在建構不排除神學的唯物宇宙論上。

不過，霍布斯最著名的還是他對人生的殘酷觀點：在社會成形之前，人類生活在「自然狀態」中。他在《利維坦》一開頭就告訴我們，人是自私的，不知正義為何物；人生是「所有人對抗所有人的戰爭」，因此是「污穢、野蠻又短暫的」。在這種相互危害而交戰的脈絡下，男女聚在一起，為了彼此的安全與利益，訂下「社會契約」。他們讓渡一部分適度的權力給「主權者」（Sovereign），因此，統治臣民的國王並非基於神授權利，而是基於共同協定。基於這份契約，人類進一步被正義觀念保護；正義是契約社會的產物，而非契約社會的前提。

在同樣的脈絡下，我們也許可以提及另一位政治學天才，他的著作出現早於霍布斯之前一個世紀，這個人就是馬基維利（Niccolò Machiavelli）。處於混亂又腐敗的文藝復興時期義大利，馬基維利為現代政治學奠下了基石，其惡名昭彰的作品《君王論》（*The Prince*）帶有確定無疑的潛台詞：政治無道德可言。政治充滿了操縱與謀略，既非出於愛民，也無關於任何像公民責任如此理想主義式的事物。在《戰爭的藝術》（*Art of War*）中，馬基維利同樣視戰爭為國與國之間關係的正常特徵，平日就需持續準備和策劃，而非為了回應突發事變，匆忙調派未經訓練的士兵上戰場。馬基維利與霍布斯打破了亞里斯多德政治學與倫理學之間的恆等式，這也許比培根發起的科學革命更具意義。科學革命或許可以生產新穎而恐怖的武器，然而，一旦政治與倫理脫勾，將會產生使用這些武器的政治意志。

20 誰能認識事物
——笛卡兒與蒙田思想中的懷疑

從主觀性求得客觀性

在希望與自信的驅使下，文藝復興晚期的哲學家逐漸相信，真正的知識不僅是可理解的，同時也是有價值的。一方面，知識本身即是珍貴的；另一方面，知識又因作為權力工具而顯得珍貴。哲學家也普遍變得更為多疑，他們盡可能不去相信表面上看來「理所當然的」事物。更深入而廣泛的矛盾在於：客觀知識的來源必須在個人的主觀性與經驗中尋找，我們藉由觀看「內在」來認識「外在」。這種同時強調主觀性與客觀性的做法，其優點不難理解。強調主觀性，新一代的哲學家可以迴避既有的教會權威，以及君權神授的政治領袖。強調主觀性也開啟了平等主義的可能：真理是每個人都能追求的。運用理性與經驗適當的方法所追求的真理，不只對我們來說是真的，對「整個世界」來說也是客觀上為真的。儘管如此，這種向內的轉折也引起新一波懷疑：我們有能力掌握這種知識嗎？

從主觀性中得到客觀性，現代哲學就是誕生在這種弔詭之中；而幾乎所有人都同意，笛卡兒（René Descartes）是這種弔詭的現代作者，也是「現代哲學之父」。笛卡兒他誇張地堅持同時轉向主觀性與邏輯運用（也就是「數學方法」）來論證如何得到客觀性。早在笛卡兒之前，同為法國人的蒙田（Michel de Montaigne）——道德學家，而非科學家、數學家——就已堅持知識的嚴謹性。

蒙田寫的是隨筆，而非方法論論文；他和前輩伊拉斯謨斯一樣，沉思人類的愚蠢，而非人類的知識。蒙田懷疑人類是否有能力找到真理，或者一旦找到真理，是不是有能力認識真理；正如人類似乎無法理解正義，或者更重要的，無法依照正義來行事。蒙田是古代懷疑論的繼承者，對他來說，哲學的目的是闡明並啟發人類自發卻又謙卑的本性。蒙田認為，經院哲學的智性活動最多只是毫無意義，或許還有害人心，人類社會與哲學因而是空虛的。拒絕知識還可以培養其他德行，一種在動盪時代中特別重要的德行：寬容。儘管世界主義者持相反意見，在整個現代，寬容這個德行仍然十分稀缺。

戰勝懷疑論：笛卡兒

雖然稱不上大多數，但許多現代哲學的基本主題都來自笛卡兒：他強調方法論、他對確定性的探尋，以及相信數學與幾何學證明能發現確定性，儘管這種確定性在其他學科無法找到。笛卡兒在幼年時期曾聽聞，伽利略使用望遠鏡這種新工具發現木星的衛星。這些發現很自然引起各種問題，例如知識的本質、表象的可靠性、我們對世界無知的程度，以及我們用來檢視與擴大知識的方法。新科學引發了理性與感官相對可靠性的老問題，也引發了人類能夠知道多少等等令人興奮的新問題。

笛卡兒跟蒙田一樣，對歐洲持續不斷的宗教騷亂深感困擾。蒙田的建議是容忍，笛卡兒則推薦理性；冷靜而可信的理性論證能為撕裂國家的血腥宗教爭端提供各方均能接受的方案。笛卡兒最重要的論點是，他堅持人類有獨立思考的能力。因此，笛卡兒哲學一開始便要求，每個人都應該建立一套自己相信的真理。為此，笛卡兒發明了激進的方法：懷疑法；利用這種方法，他認為自己所有的信念都是可疑的，直到這些信念都被證明為合理為止。

笛卡兒採取誘惑而迷人的方法來解決這些問題，並在他最受歡迎的經典作品《第一哲學沉思》（*Meditations on First Philosophy*）提出該方法（對於數百萬大學生來說，這本書仍是權威性的哲學導論）。笛卡兒的風格取材蒙田，模仿親密、友善的私人對話方式寫成；笛卡兒邀請我們進入他的研究中，有如蒙田邀請我們進入他私人的思想中。然而，就算風格取自於蒙田，笛卡兒的意圖跟他完全相反，結論也大不相同。蒙田希望我們檢視自我，以他人為鏡，認識自身的無知，並因此變得謙卑而有人情味。笛卡兒則認為，應該將我們的懷疑推至極端甚至荒謬的地步，然後懷疑將會回應我們，並給予不容置疑的真理。蒙田牽著我們的手分享他的反省，笛卡兒則要我們屈從於嚴謹的經院哲學辯論，努力檢視與辯護他的每一步論證。蒙田以懷疑論者的姿態出現，笛卡兒卻宣稱自己戰勝了懷疑論。笛卡兒的結論是，他完全不會出錯；事實上，他甚至從未懷疑過。

假使笛卡兒狡猾地表示，有一個「邪惡的天才」「擁有至高無上的力量與智力，總是有意欺騙我們」。舉例來說，假使笛卡兒**誤信**自己醒著而不是在做夢，**誤信**自己擁有身體、「外在世界」確實存在與上帝存在。他如何區分他所認識之物與所相信之物，如何分辨何者為真、何者為假？笛卡兒的論證運用了數學方法，每個原理都必須推導自或「演繹」自之前的原理，而之前的原理又必須建立在其他原理之上。總之，所有原理都必須源自一連串的前提，而這些前提明顯為真乃至於「不證自明」。其中一個前提即是笛卡兒的名言：「我思故我在。」

這句話聽起來像是論證（因為當中的「故」字），但實際上是個揭示，一種自我肯定的意識：我不可能被自己的經驗愚弄。一旦笛卡兒有了自己的前提，接下來就以經院哲學的模式來證明上帝存在（我們的上帝觀念不可能沒有上帝本身作為此觀念的原因）。然後，上帝的存在又可用來確立外在世界的存在。笛卡兒若是能確定上帝存在（且上帝絕非欺騙者）就能自信地指出，無論他「清楚而明晰地」設想什麼事物，這些事物絕對是真實的。邪惡的天才將被擊敗。

針對這些論證，出現了一些反對意見。有人質疑笛卡兒實際上是否像他原先宣稱的那樣，懷疑得非常積極又徹底。儘管如此，笛卡兒還是為哲學調查建立了基礎：要求確定性和免於懷疑。然而，笛卡兒思想中真正新穎而重要的，並非堅持確定性，而是強調主觀性，亦即將自身思想與經驗擺在首要位置。哲學的權威現在已無法從聖賢或聖經中尋得，必須往哲學家的個人心靈中尋找。

笛卡兒哲學的一項附帶後果，是重新強調柏拉圖與基督教對心靈與身體的區分（這種區分從未出現在亞里斯多德哲學中）。笛卡兒認為，人是兩種不同實體的連結器，分別是心靈與身體；然而，由於實體被界定為完全獨立之物，因此，心靈與身體如何互動便成了令人頭痛的問題。心靈與身體是分開的兩個實體，這種論點後來被稱為「笛卡兒的二元論」，直至今日仍困擾著哲學家與科學家。

然而，我們不該認為笛卡兒犯了某種愚蠢的錯誤：在他獨斷劃定心靈與身體是兩個不同「實體」之後，卻發現自己無法讓心靈與身體再次合在一起。心靈與身體的二元論是幾個世紀以來思想發展、科學進步與新建立之個人自主面向的產物。心靈與身體的區分可以提供科學（與物質世界有關）一塊不受宗教或道德關注（與人類心靈、人類自由、人類「超越」物理實在的特點有關）侵擾的領域，而這種區分也提供宗教與人類自由一塊不受科學威脅的領域。結合心靈與身體顯然不如安全地分離兩者重要。

21 事物何以產生
——斯賓諾莎、萊布尼茲與牛頓

斯賓諾莎談懷疑論與決定論

現代哲學絕大部分被笛卡兒的形上學與知識論論證界定，然而，即使從笛卡兒自己的興趣與關懷來看，這些論證都略嫌狹隘。笛卡兒為理性喝采的時期，整個歐洲其實充滿了政治與宗教動盪；在此同時，對科學的重視也方興未艾。其他哲學家接踵笛卡兒進入新穎的形上學領域，但是除了世界的形上本質之外，他們也關注了其他問題。荷蘭人斯賓諾莎（Baruch Spinoza）與日耳曼人萊布尼茲（Gottfried Wilhelm von Leibniz）繼續主張笛卡兒的亞里斯多德式實體觀念，但他們基本上關心的，是生命的意義與人類在世上的角色。

斯賓諾莎是猶太自由思想家，他的懷疑論並未獲得正統猶太教徒青睞。事實上，斯賓諾莎遭猶太教驅逐出教，並且被逐出猶太社群，他一生的大部分時間過著不快樂的隱居生活，並且靠著磨鏡片的微薄收入維生（他的死因正是吸入玻璃粉塵）。斯賓諾莎的主要作品是《倫理學》（*Ethics*），這個書名經常讓讀者感到困惑，因為翻開這本書的人期望讀到人生哲學，書中卻是蜷曲帶刺的散文，簡直像超長的幾何學論文，充滿了公理、定理、推論與證明。

然而，表象是會騙人的。笛卡兒在《第一哲學沉思》的舒適脈絡下引介邏輯論證，邀請讀者進入他的研究與思想，但是，他的哲學揭示一點也不親密，也非自我揭露。另一方面，斯賓諾莎在他最形式化與最龐大的演繹風格之下，隱藏著他個人的焦慮，以及他為此提出的哲學解決之道。他的作品與書名相符，書中提出衷心建議，希望人們擁有更好的生活方式，解決人生中的孤獨與孤立，並且試著解答生命中的苦難與挫折。從歷史的角度來看，斯賓諾莎的《倫理學》與斯多葛文本一致，與克呂西普、愛比克泰德及奧理略的傳統有諸多相合之處。

斯賓諾莎運用幾何學方法時，曾試圖引入笛卡兒的方法，他在《倫理學》第一部分嘗試推導出一個奇特的結論：世上只有一個實體，該實體擁有無限多的屬性。斯賓諾莎認為，既然各種實體本質上都是完全獨立的，世界上就只能有一個而且是唯一一個實體，這個實體就是上帝。因此，上帝和宇宙合而為一，造物主與創世、「上帝或自然」的區別都是幻覺（這種認為上帝和宇宙合而為一且為一物的說法，被稱為「泛神論」〔pantheism〕）。

所有的個體，包括人類，都是單一實體的變形。單一實體擁有無限多的屬性，其中包括了我們知道的心靈與身體（從純技術的意義來看，這種說法解決了麻煩的心靈身體二元問題，因為心靈與身體不再是不同的實體，只是單一而相同的實體之不同面向）。然而，斯賓諾莎有關實體的主張，卻有著遠非形上學術語能解釋的重要意涵。

按照斯賓諾莎的看法，不同的個體之間並無終極的區分可言，我們都是相同單一實體（即上帝）的一部分。這意味著我們的孤立感與對立感完全是幻覺，也意味著我們與上帝的距離感是錯認。這種教化人心的觀點，將在十九、二十世紀之交成為一幅強而有力的觀點，基督教哲學家也將試著克服他們所謂的人與人、民族與民族之間的

「疏離」，以及令人感到疏遠的、超越於我們之上的上帝概念（回溯到哲學發展之初，神祕主義者常常主張這樣的觀點）。此外，由於單一實體總是存在且將一直存在，我們自身的不朽也將被確保。

斯賓諾莎也替通稱為「決定論」（determinism）的主題辯護。決定論主張，給定的原因必定會產生結果。斯賓諾莎的決定論並非特別跟科學有關，或許可以說，他關心的主題較近似於「宿命」。斯賓諾莎認為，不管發生什麼事，都是必然的；如果宇宙就是上帝，我們就能自信地認為，不管發生了什麼事，這些事「必有道理」。

決定論成為斯賓諾莎倫理建議的基礎，他勸誡我們應該視自己與上帝及其他人為一體，並且視自己的生命被必然性決定。然而，與早期斯多葛哲學家相同的是，斯賓諾莎認為，這類令人滿足的觀點容易被我們的情感，也就是被混淆的觀念所扭曲與瓦解。早期斯多葛哲學家告訴我們，情感來自於對自我及世界的誤解所做的錯誤判斷。我們想得到無法擁有的東西，或是想得到已經擁有的東西（卻不知道自己已經擁有）。因此，斯賓諾莎的觀點告訴我們，想得到自己注定得不到的東西是毫無意義的；而許多我們想得到的事物，像是與其他人結合、與上帝合一，這些其實我們都已經擁有。我們需要的是控制自己的情感，而為了控制情感，就必須擁有恰當的哲學態度，如逆來順受或「聽天由命」。

然而，與古代斯多葛哲學家不同的是，斯賓諾莎並不反對一般情感；相反地，他向我們保證，因接納的態度而產生的情感是「至福」（bliss），這是遠比其他情感更合適的情感。終極的幸福感不在於幻想的力量或抵抗力，而是在於斯賓諾莎的哲學觀點，他稱之為「對上帝的理智愛」。

萊布尼茲談單子論

根據萊布尼茲的看法，同樣的前提——實體本質上是完全獨立的——可以導出「世界是由無數單一實體構成」的結論。這些單一實體稱為「單子」（monad），每個單子都是自足且獨立於其他單子；就這個觀點來看，上帝是個超級單子，是所有單子的創造者。每個單子就像個小自我或靈魂，單子以自身的獨特視角來知覺這個世界，包括被視為單子之間互動的現象。然而，事實上單子並不互動，萊布尼茲堅持單子之間「沒有窗戶」。單子的「知覺」並非一般感官的知覺，而是在上帝「預先確立的和諧」下與其他單子之內在狀態相互符應。

萊布尼茲也憂慮生命與如何生活的問題，但是相較於斯賓諾莎的孤獨生活，萊布尼茲是個思想界的社交名流，他認識每個知名人士，從歐洲的王公貴族到各個領域的菁英（萊布尼茲甚至見過斯賓諾莎）。萊布尼茲發現微積分（牛頓也獨立發現微積分），他是科學家、律師、歷史學家、政治家、大學教師、邏輯學家、語言學家與神學家，他所寫的有關中國的書籍在當時最為詳盡。萊布尼茲一生參與了不少哲學討論與書信往來，然而，不知是出於謹慎還是忙碌，出版的作品少之又少。萊布尼茲主要是以邏輯學家與形上學家的形象聞名於世，但是作品中較感動人心的部分則是他看待世界的樂觀角度，這在十七世紀充滿可怕戰爭與宗教衝突的歐洲相當罕見。

萊布尼茲曾有個著名提議，他希望發展出世界通用的語言，也就是普遍的邏輯，如此所有問題都能藉由不流血的理性計算獲得解決。萊布尼茲也為自己的哲學基本原則「充分理由原則」辯護，如同史賓諾沙，他根據這項原則主張，沒有一件事情的發生是沒有理由的。由於所有的理由都是上帝的理由，而上帝（透過創造單子及單子的知覺）決定了宇宙，因此我們可以自信地認為，這些理由都是「好」理由——事實上，是最好的理由。這是萊布尼茲最著名的一個論點，然而它之所以著名，或許是被伏爾泰在《憨第德》（*Candide*）中狠狠揶揄一頓的緣故。這個論點認為，既然上帝有無限的選擇建立無限可能的世界，就只會選擇其中最好的，「所有可能中最好的世界」。

萊布尼茲的邏輯也許有待商榷，但是他的觀點無疑可以教人心；在充滿騷亂的時代，相信任何事情背後必有理由，總能讓人稍感安慰。這裡還有另一個對惡的問題的經典回答：我們之所以視某物為邪惡，只是因為我們觀點是有限的，未能理解所有可能的總和。不過，就算我們因為處在這個特別容易讓人感到憤世嫉俗的時代，很難接受萊布尼茲充滿希望的信仰，還是應該欣賞它對相信它的人產生的力量。

牛頓在科學的成就及哲學影響

早期現代哲學若是未能包括當時最偉大的物理學家牛頓，將是很不恰當的。牛頓的物理學超越本書範圍之外，而他最後數十年鑽研的神學亦非本書討論的主題；然而，牛頓對科學的影響以及他為世界樹立的典範，已經成為十八世紀的代表，因此，任何哲學陳述都不能忘卻牛頓的貢獻。牛頓證明人類可能以少數簡單而巧妙的原則來理解世界。此外，一股緊張感也讓牛頓感到困擾：介於物質、機械的物理世界理論和他虔誠、精神性的基督教信仰之間的張力。而這種緊張感將逐漸席捲整個歐洲。

直到十七世紀晚期為止，科學只是偶爾讓宗教權威感到煩惱，誰也沒想到最後將對宗教造成壓倒性的威脅。這場對宗教的威脅來自於宗教內部，宗教派系之間為了神學上的小問題而引發爭執（然而，背後通常隱藏了重大的土地或政治利益）。到了十七世紀末，科學終於得到它該有的地位，從此不再只是煩惱與矛盾的根源；科學的世界觀與既有的宗教世界觀平起平坐，再也不像《聖經》裡牧童大衛對抗巨人歌利亞那樣艱難。對於敏感又追根究柢的人來說，科學與宗教的明顯衝突是不可忍受的，牛頓就是屬於這種人。

22

尋求普世性
——啟蒙運動

信仰理性

隨著科學興起以及科學凌駕教會權威，歐洲建立了新信仰：理性。所謂的「啟蒙運動」（Enlightenment），首先發端於英格蘭，是緊跟在十七世紀末牛頓的科學成就、以及迅速不流血的「光榮革命」政治變遷後所產生的思想潮流。之後，啟蒙運動由曾經造訪英格蘭的年輕知識份子如伏爾泰等人傳入法國，它的高峰是一七八九年的法國大革命。然後，啟蒙運動往南往東傳入西班牙、義大利與日耳曼，並且在這些地區遭遇羅馬教會與較傳統思維的抗拒。儘管如此，從正面角度來看，啟蒙運動接續了文藝復興的「重生」運動，同時也為人文主義增添了人類對理性的信心。

啟蒙運動中多元的參與者

啟蒙運動本身並不反對宗教，最傑出的參與者中有些還是宗教人士；然而，在笛卡兒與新科學的影響下，啟蒙運動哲學家極為相信自己的理性能力、經驗與理智自主，如此勢必與教會及其權威教義（啟蒙運動哲學家稱為「迷信」）產生對立。為了避免過去幾個世紀的血腥宗教戰爭，啟蒙運動哲學家堅持當「世界主義者」（cosmopolitan）：成為世界的公民，忘卻國家疆界，拒絕宗派從屬關係。世界主義者的真理是普世的真理，不強加於他人，而是由人們自行發現。

在法國哲學家中，有不少是無神論者與唯物論者，他們認為，事物的理性秩序中沒有獨裁上帝的容身之處。啟蒙運動哲學家唯一同意與相信的只有理性，他們相信透過理性，人類不僅能以科學獲取自然的基本祕密，也能在地球上建立活生生的天堂，一個沒有痛苦與不義的社會。因此，在法國大革命期間等待處決的啟蒙運動擁護者孔多塞（Condorcet）才會寫道：「對於哀悼污染地球的錯誤、犯罪與不義、也哀悼自己屢屢成為受害者的哲學家來說，再也沒有比人類掙脫枷鎖、步履堅定地踏上通往真理、德行與幸福的康莊大道的願景更令人感到安慰的！」

23 拿證據來！——洛克、休謨與經驗論

洛克談經驗論

英格蘭人洛克（John Locke）批判笛卡兒對理性的信心。洛克認為，比起信任抽象理性與思辨，我們應該信任經驗，以及透過感官來學習與認知世界的能力。

洛克開啟英國的經驗論（empiricism）傳統，並揚棄始於西方自柏拉圖之前對感官的懷疑。他認為「知識皆來自感官」，這種觀點隨即由愛爾蘭主教柏克萊（George Berkeley）與蘇格蘭哲學家休謨（David Hume）承接並發揚。

笛卡兒、斯賓諾莎與萊布尼茲是「理性論者」（rationalist），他們認為心靈具有

豐富又複雜的結構；相反地，洛克認為心靈是「白板」，有待人生經驗加以書寫。理性論者主張存在著不少天生或「天賦」觀念，例如實體觀念、上帝觀念。洛克則認為心靈較像是空房間，唯有從外部舉燈進入，才能照亮房間。

不過，至少在兩個重要面向上，洛克對自己的經驗論做了妥協。首先，洛克屈服於形上學家；儘管他曾抨擊形上學家只談論事物本身（things-in-themselves），排除我們對事物的經驗。有人認為，如果洛克根據自己的方法，將會得出這樣的結論：我們認知的一切事物都是可感知的事物性質或「特質」。但是，這會產生一個問題：我們似乎無法確知事物本身，只能知道一堆事物性質。洛克認為，我們可以用「推論」的方式得到「事物本身存在」的結論，因為我們無法想像事物的性質可以獨立存在於事物之外。這種令人起疑的說法聽起來像是天賦觀念，一種並非立基於經驗的假設。

洛克對經驗論的第二個妥協，是他區別了兩種性質或特質：一種是客體本身之固有性質，如客體的形狀或質量；另一種是我們得經由自身才能體察到的性質，亦即事物對我們產生的效果，例如顏色。後者是「次性」（secondary qualities），不同於形狀、質量等「初性」（primary qualities）；次性是「在我們自身」，不在外在世界。不過，若是嚴肅看待洛克的論證，其實可以認定我們經驗的每件事物都在心靈中，在我們自身。因此，我們沒有必要也沒有理由討論「外在」世界。

從經驗論到柏克萊的觀念論及休謨的懷疑論

柏克萊主教則全盤接受洛克這種因堅持純粹經驗方法而導出的令人不安的結論，他相當樂於假定，除了我們的心靈世界之外，再無其他實體世界。世界實際上是由觀念構成的。這種立場後來被稱為「觀念論」（idealism）。身為教會當局的一份子，柏克萊以這個觀點將上帝置於其哲學核心，堅持「存在就是被知覺」（To be is to be conceived.）。然而，每個存在的事物不只是被我們知覺，也被上帝知覺。或許我們也看出，柏克萊的觀點與萊布尼茲的「單子論」在精神上（而非在方法上）有多類似。

休謨則將經驗論的古怪結果發揮到極致。休謨的哲學是徹底的懷疑論，從上古以來，還沒見過像他這樣的哲學家。他是傑出的啟蒙運動擁護者，但他也承認理性——

可以理解為科學方法與廣義的理性──已經逾越限制。休謨發現，有很多事物是理性無法做到、確保與證明的；弔詭的是，休謨的懷疑論反而最能清楚展現啟蒙運動中確鑿與自我審視的特點。他的結論是，即使是最優秀的思想，也無法達到啟蒙運動思想家的要求。

休謨的懷疑論立基於從培根與笛卡兒時代延燒至今、與知識爭論有關的幾種學說。他公開承認自己是個經驗論者，重申所有的知識必定來自經驗，也接受經驗與其所指涉之世界的區別。然而，我們對「外在」世界的信念能建立在經驗上嗎？答案是否定的。我們對「外在」世界的信念，也無法建立在不會丐題（begging the question）的演繹上。

休謨認定我們所有的知識都以「最基本的信仰」為基礎，而最基本的信念無法藉由理性加以確立。在道德領域中，休謨也運用自己的懷疑論加以檢視，他認為：「我寧願毀滅半個世界，也不願弄傷自己一根指頭，這並不違反理性。」理性無法給予我們道德動機，情感則確實能給予我們道德動機。每個人生來就有「同情」的能力，而且生來就關心「實用性」（這是哲學家使用的觀念中最實際的一種）；而透過「同情」

與「實用性」，我們建構了正義與社會的觀念。

休謨傾向「自然主義」（naturalism），認為凡是理性無法做到的，自然無論如何一定會為我們做到。如果理性不能保障我們的知識，自然可以賦予我們健全的感官而得以在世上生存；如果理性不能保障我們的道德，人性可以提供我們足夠的情感善待彼此。然而，如果理性無法合理化對上帝的信仰，以及伴隨而來的宗教偏見，對宗教來說將是很糟糕的局面。休謨是個立場堅定的無神論者，他說，如果汗牛充棟的經院哲學典籍都無法提出健全的論證或充分的證據，來說明宗教信仰，不如「將它們扔到火堆裡」，這種說法令神學家大為光火。幸運的是，休謨並未苛刻地評論其他無法證明的信念，例如我們對「外在」世界存在的信念，以及我們對道德重要性的信念。理性有其限制，而透過社會傳統培養出的情感與常識，則具備力量與德行。在追尋理性的確定性已成為現代哲學的主軸之際，休謨（再次）提醒我們容易被忽略的事物。

24 哲學與革命

洛克的政治哲學

洛克也是偉大的政治思想家，他的兩篇論政府的專著確立了基本權利的語彙，包括言論自由、宗教寬容與擁有私人財產的自由。這些權利將成為英屬美洲殖民地革命（一七七六年）、法國大革命（一七八九年）以及比前兩者更基本的社會思想革命的焦點。

洛克自然權利理論的威力尤其強大，這種理論並不同意「社會契約」，也就是說，不認為私有制、相互寬容與自由是人民事先同意的產物；相反地，他主張這些權利早在人民同意之前就已經存在。舉例來說，人類之所以擁有財產權，是因為「人類的勞動與財產混合在一起」；契約協議（包括憲法與財產法）的目的，就在於保障這些權利。然而，這些權利原本就屬於我們所有，它們是「不可剝奪的」，甚至是不可讓渡（或出售）的。

人類並非基於法律或習俗取得財產權利，而是基於自然權利，這樣的觀念為往後的資本主義奠下堅實基礎。不過，值得一提的是，洛克從未替過度或無限制的獲取辯護。彼時新教革命已經提供「工作倫理」，用以正當化世俗對成功的重視，工業革命也在很大程度上推波助瀾。洛克、霍布斯與其他哲學家為「社會契約」的概念辯護，進一步摧毀傳統權威（如統治者的「神聖權利」），同時也強調了民主與個體性。至於新發現的新世界財富，則為歷史上最大的經濟革命提供燃料。這場經濟革命與所有的革命一樣，也受到哲學觀念的刺激與激勵。

法國啟蒙運動的代表人物：伏爾泰和盧梭

伏爾泰（Voltaire）與盧梭（Jean-Jacques Rousseau）是法國啟蒙運動最著名與最有影響力的兩名哲學家。伏爾泰讚美英格蘭啟蒙運動與洛克的政治哲學，他引進啟蒙運動與洛克思想到法國，並以此攻擊法國政府與天主教會。這位優雅自稱的「哲士」並不寫作大多數人所認為的哲學，他比較喜歡的文體是爭論性隨筆、政治評論文章與想像的故事與寓言。雖然如此，伏爾泰對理性與個人自主的辯護，卻比同時代其他哲學家更具說服力，而他也樂於戳破形上學與神學的空話。伏爾泰為比他年輕許多的休謨預先開闢了坦途，也開啟中產階級（更精確地說，應該是「資產階級」〔bourgeois〕）要求改革的呼聲，而後者更造成了法國大革命。

盧梭則與比他年長的伏爾泰大異其趣，他的思想較為細膩且複雜，而他也自信滿滿地提出人性與社會的重大理論。盧梭早期的文章批判人們宣稱的「文明」所帶來的種種好處，並且為滿足於豐饒而非霍布斯式自然狀態的生活方式辯護，這些說法使他一舉成名，而逐漸動搖嚴肅呆板又自滿的歐洲貴族階級。在《愛彌兒》（*Emile*）與

《社會契約論》（*The Social Contract*）中，盧梭深入發展人性理論，將人性界定為「基本上是善的」；而在他的人類社會概念中，人類不會如霍布斯所言，為了確保彼此的安全而結合在一起，而是為了實現「更高的」道德本質。盧梭認為，兒童應接受「自然的」教育，依照兒童自己的方式與步調，發展更高的道德本質，而非將他們拘束在「不自然的」社會風俗中。身為公民與社會「共同意志」（General Will）的參與者，我們應自由地將法律加諸在自己身上；即使是在社會的脈絡下，我們仍是獨立的，如同我們過去在自然中。然而，盧梭語帶不祥地表示，如果有人拒絕參與，就有必要「強迫他自由」。

儘管自然狀態是幸福的，但是自然狀態並非培養與實踐人類德行的處所；在這裡，盧梭的觀點回溯到亞里斯多德。因此，盧梭一方面提倡保持人類自然的獨立感，另一方面則主張人類應共同訂立並遵守社會規範，他認為這兩種嘗試並沒有矛盾。儘管如此，人類最初進入社會並非出於自願，而且也不幸福，反而是從獨立與滿足的自然狀態中墮落。所謂災難，就是指社會的出現與人類不幸福的開始：有人用籬笆隔出一塊地並宣布「這塊地是我的」，確立私有財產造成一連串人類生活的不平等與不正義。

對於私有財產的譴責，使得盧梭完全無法接受洛克的想法；而在爭取歐洲與美洲人士支持的過程中，盧梭與洛克也經常處於對立的局面。在美洲，由於當地已經存在擁有土地的地主、律師、農民與商人，因此洛克明顯占了上風；但是，在依舊封建的法國，盧梭的訴求明顯具有吸引力。不過，不管是美國獨立革命還是法國大革命，啟蒙運動都實現了社會契約保證下的自然權利與個人獨立。

觀念的革命與社會革命

當然，社會契約並不是真實的歷史事件，它是哲學虛構，是隱喻，是某種看待社會的方式，也就是將社會視為個人彼此同意自願組成的集合。因此，社會契約的詞彙將理想社會定義為：自願將法律加在自己身上的社會。我們是自治的，而且與在自然狀態中相同；我們仍然保持自由與獨立，無需犧牲自然的祝福。

因此，個人自主這個核心的西方理想能與國家正當性相容，而人性本善的理想則取代了古老的「原罪」觀念。然後是美國獨立革命與法國大革命，這兩場革命中，至少有一部分是**觀念的革命**；它們不只是由惡劣的政府引發的騷亂，也是正義與不正義的觀念、社會本質與人性的觀念所引起的暴動。

在美洲，傑佛遜（Thomas Jefferson）從歐洲採用了一些觀念，特別是來自洛克與蘇格蘭啟蒙運動的思想。身為美國獨立宣言的主要起草人，傑佛遜毫不猶豫地寫下自明真理（對於那些知道如何看到這些真理的人而言是如此）與自然人權（包括生命權、自由權、私有財產權與「追求幸福」權）的觀念。由於傑佛遜的關係，「人民」這個新發明的詞彙得以成為政治學的核心。自主成為首要的公民德行，而確保每個人接受充分教育與擁有充分財產，發展自主的公民性格，也成為政府的責任。教育因此不再是特權，而是個人權利與政治必需品；宗教自由不只成為相互寬容的問題，也成為權利與社會安寧的問題。政府無法再訴諸神聖特權或純粹仰仗權力，必須獲得民意的正當性。

美國獨立宣言不只合理化對英格蘭殖民統治的反叛，也是對啟蒙運動原則的絕佳背書。革命不只是針對「無代表權的稅捐」的反彈，事實上，即使有代表權，美洲人也不喜歡繳稅。美國獨立宣言呈現出一種全新的政府形式，乃至往後的總統林肯以毫不遜色的優美言辭總結：民有、民治、民享。

就革命翻天覆地的意義來說，美國獨立革命幾乎不能稱為「革命」；它造成的創傷相對較小，只是一腳踢開原本就遠離新世界、而且對新世界的麻煩漠不關心的政府。相反地，發生在法國的革命一開始是權力的轉移（從貴族階級轉移到資產階級），之後則演變成大火風暴。生活的每個層面與全國各地都受到深遠的影響、撕裂與威脅，也受到各種承諾的引誘，全世界的保守主義者都因此驚恐不已。

法國大革命始於人權宣言的公布，其中包括生命權與反抗壓迫權。當時在巴黎擔任駐法大使的傑佛遜預言，法國君主制將會逐漸改進，並且建立真正的代議政府。代表所有階級的國民會議，承諾要以合作與和諧取代痛苦的階級衝突。然而，到了一七九二年，革命轉向暴力，「人民」代表煽動地方暴動，並且讓整個法國陷入血腥戰爭中。羅伯斯比爾（Maximilien Robespierre）與馬拉（Jean-Paul Marat）這兩位盧梭的忠實信徒努力將他的「共同意志」觀念實現在群眾身上，似乎是為了煽動歷史報復。法國國王與王后被送上斷頭台，接下來是「恐怖統治時期」，就連開啟這個時期的盧梭派建築師也賠上性命。一七九五年，法國同時面臨內部無政府狀態與外力入侵的局面，此時出現了一位名叫拿破崙（Napoleon Bonaparte）的年輕科西嘉上校。到了一八〇〇年，啟蒙運動及其理想即將開啟新的一章。

25 亞當・斯密與商業新世界

經濟學之父：亞當・斯密

與新的一章有關的，不只是新戰爭時代的開始，也包括了工業革命。從文藝復興以來，新的商業主義（commericalism）已經改變了歐洲的面貌，就連長久以來仇視商業與高利貸（可獲利的金錢借貸）的教會也改變立場。宗教改革的喀爾文派鼓吹新商業意識，新經濟秩序則在英格蘭工業革命的推波助瀾下達到高潮，而這個經濟秩序也需要適當的哲學。

亞當・斯密（Adam Smith）是休謨的至交，同時也是關係密切的工作夥伴。他和休謨同樣喜愛歷史與文學，並且以一種保守主義的態度關切我們現在稱為「自由主義社會」的性質及其精確（即使有爭議）的私有財產制度。尤其是他們都深切認同倫理及對人性的理解有其重要性。亞當・斯密最著名的，就是他被稱為「自由企業體系之父」；而他的《國富論》（*An Inquiry into the Causes of the Wealth of Nations*），則被稱為資本主義（capitalism）的「聖經」。《國富論》是現代經濟學的開端，也開創了自由市場體系的哲學先河。

現代經濟學的首部著作：《國富論》

在《國富論》中，亞當・斯密為長久以來被貶低的自利概念進行了部分辯護——供需法則向我們保證，隨著時間經過，最優良與最便宜的產品將會賺進最豐厚的報酬，而消費者與製造者的總利益將會達到最佳狀態。這是個簡單的觀念，既簡潔又基本。自利有助於公益，然而，這不表示自利可以被視為德行，況且亞當・斯密也從未支持「貪婪是善」的心態。此外，人們可以輕易想像，當十八世紀末的民眾在聽膩了兩千年來不斷批評金錢的邪惡以及貪婪的罪惡之後，風聞「自利是好的」，不只是對個人，而且是對公眾，他們一定感到空氣中宛如注入一股清新氣息。新興企業家感到高興的是，亞當・斯密也認為政府（當時仍控制並管制著主要商業交易）不該干預經濟，「自由放任」是當時流行的語言。亞當・斯密的提議也意味著，同業公會與類似同業公會的法人組織無法繼續壟斷產業，企業將會獲得「自由」。

以《國富論》為基礎，亞當・斯密被廣泛引用為商業個人主義（commerical individualism）以及權力與利潤的古典辯護者。事實上，他在寫就《國富論》之前數年，曾經出版關於道德情感觀點下的人性論作品，主張人類的「情感」可以讓男女在社會中和諧相處。因此，儘管《國富論》的觀點大受歡迎，亞當・斯密仍相信，人類本質上並非自私或自利，是具有同情心與同胞情誼的社會動物，會為社會整體的善做出貢獻。唯有在這種社會脈絡下，正派的自由企業體系才有可能出現。

嶄新的現代世界，大致可說是新商業社會，以及有關個體與權利的討論。人類的知識也許有限，但是人類的展望無限寬廣。

人文主義強力地重申自己的主張，人們因此忘記除了人文主義還有其他選擇；就這個意義來說，普羅塔哥拉斯被證明是對的，但他也證明人文主義有其局限。

第三部

從現代性到後現代主義

36 法西斯主義激起的哲學思潮——實證主義與存在主義

37 哲學發現「他者」——後現代主義的問題

26 理性的領域——康德

從獨斷論到懷疑論

在日耳曼，啟蒙運動引起人們猜忌，法國大革命則成了洪水猛獸。日耳曼人並不認為啟蒙運動是普世或世界性的哲學，相反地，他們認為啟蒙運動是倫敦與巴黎主流觀念的投射，如同思想上的帝國主義（imperialism）。至於巴黎的法國大革命，並不代表哲學的勝利，反而是一連串混亂的開始。還要十年以上的時間，啟蒙運動的成果才能真正影響絕大多數日耳曼人。

儘管如此，啟蒙運動最終的哲學支持者卻出現在日耳曼。康德（Immanuel Kant）

是萊布尼茲的追隨者，也是牛頓物理學的熱情擁護者；此外，他也支持盧梭激進的社會與教育理論。康德和大多數日耳曼人不同的是，雖然身處遙遠且未受革命侵擾的東普魯士，卻仍熱烈支持法國大革命。不過，真正讓康德涉入啟蒙運動計畫的，卻是另一場革命，這一點要從康德遭遇休謨的懷疑論說起。

休謨的懷疑論讓康德從「獨斷的睡夢」中醒來，不再毫不批判地接受萊布尼茲的形上學。因此，康德認識到理性的限制與力量，而他最顛峰的哲學作品即是針對理性與判斷力所做的三大「批判」。不過，康德的理性批判具有超越哲學的廣泛意涵：從歷史的角度來看，康德重新定義了從中世紀以來，宗教與科學愈來愈尖銳的衝突。康德是虔誠的基督徒，屬虔信派（Pietist Lutheran），他的信仰未曾動搖過；而他也是牛頓新物理學的堅定信仰者，堅持我們必須「限制知識，以讓出空間給信仰」。康德寫道：「有兩件事讓我充滿敬畏，一是滿布星辰的天空，另一是內心的道德法則。」康德的哲學基本思想，在於區分滿布星辰的天空與道德法則（與宗教），並且在兩者（並超越兩者）中尋求理性。

儘管如此，科學、道德與宗教並未局限在各自的領域之內。科學的基本原理似乎是「普世且必然的」，或者，這個基本原理是康德所謂「先驗的」[6]（休謨曾以懷疑論加以質疑）。在此同時，神的國度與人類靈魂的不朽，連同人類的自由與道德義務，都與科學格格不入。因果律與科學的實體世界位於「現象界」（phenomenon），亦即我們的經驗世界；而康德概稱為「上帝、自由與不朽」（與道德）的偉大觀念，也有自己的世界，即「理智」世界，一個獨立於經驗卻仍受理性統治的世界。

「理性」是啟蒙運動的口號，也是康德「理性至上」哲學的要角。儘管休謨反對，科學仍被證明合於理性，而道德則是由普世義務的道德法則構成；即使是信仰這樣經常被視為非理性（或至少是超越理性）的縮影，也被認定為符合理性且可證成的信念。康德的策略是區分**經驗領域**與**超驗領域**（或通常稱為「形上學」），他認為形上學問題之所以看起來不理性，原因在於知識的限制即是經驗的限制，而形上學問題本質上是超越經驗的。有些形上學問題，特別重要的像上帝、自由與不朽，是可以回答的，但是這些不屬於知識。上帝、自由與不朽的問題屬於理性層次，但不是「實踐」理性；它們是「道德假定」，而非科學真理。

第一批判

知識問題與科學基礎在康德的巨著《純粹理性批判》（*Critique of Pure Reason*）中被提出，這本書首次出版於一七八一年，被許多哲學家認為是最偉大的哲學作品。康德認為，人類是透過直覺或感官作用來「建構」所經驗的客體，並且將這些客體安放在空間、時間以及與其他客體的因果關係中。他曾提出著名的說法：若是缺少理解的概念，我們的直覺將是盲目的；若是缺少了感官作用，我們的概念將是空的。經驗來自於理解（understanding）在感官上的運用，而我們認知到的世界則為結果。

然而，在我們的概念中，有些並非來自於經驗（亦即並非「經驗性的」），而是「先於」經驗。它們是「先驗的」，是內在結構的一部分，或者諸位讀者比較偏好這樣的說法：它們是人類心靈的基本原則。這些規則稱為「範疇」，例如實體範疇是統

---

6 編注：先驗（a priori），相對於後驗（a posteriori），是哲學中使用的拉丁語短語。先驗知識是獨立於經驗的知識，像是數學、邏輯等演繹推理。後驗知識是依賴於經驗證據的知識，像是更加仰賴經驗、實驗的科學領域。

轄一切人類經驗的規則，我們經由這些規則，以特定方式來組織感覺，使其被經驗為物質對象。康德以此回應休謨的懷疑論。外在世界並非從我們的經驗推論而來，而是作為我們思想與知覺的基本範疇，構成我們經驗的核心。不過並非所有最基本或先驗的心靈結構都是範疇，例如空間與時間就屬於先驗的「直觀形式」。由於康德發現時間與空間是先驗的直觀形式，因此對數學與幾何學的本質提出更激進的看法。值得一提的是，這兩個學科的必然性曾讓希臘人印象深刻，現代哲學家也或多或少理所當然地將它們視為「理性真理」。而根據康德的看法，算術與幾何學的命題必然為真的，因為它們分別針對時間與空間的先驗結構做出形式描述。

康德的新「觀念論」（認為世界是由我們的觀念構成）無疑是極為激進的世界知識觀點；然而，康德並未極端到認為是我們創造了世界，而是認為，無論如何都沒有必要推論或證明，世界是「外在」於我們的存在。不過，如果我們的確組織或「建構」了我們的世界，是否表示我們可以隨心所欲？根據康德的看法，答案絕對是否定的！我們無法選擇感官作用（感官作用形塑了我們經驗中的基本材料），也無法選擇三維空間或不可回溯的一維時間以外的範疇。同時，我們也沒有其他的範疇與方式來組織、詮釋或「建構」我們的經驗，於是乎，用來形成心靈基本結構或規則的範疇是普世且必然的。這是個驚人的結合，對於**常識**與**科學世界觀**的激進反思與保守支持，在此融為一體。

康德否認世界處於我們的經驗之外，但也否認世界的客體位於我們的經驗「之中」，亦即「在我們自身」。事實上，世界本質上就是客體，是外在於自我的。那麼，什麼是自我？首先，自我是一種活動，或者說是一大串活動，這一連串的活動將範疇加諸感官上，並且結合範疇及感官以理解世界。自我不是事物，不是「靈魂」，也不是「心靈」；它是「超驗自我」（transcendental ego），它的運作是每個經驗固有的，也是可認識的。超驗自我正是笛卡兒認識到、卻誤認的「思想物」——笛卡兒認為他自己就是「思想物」。

此外，還有比較一般的自我概念，可用來指涉個人，也即一個具體、擁有情商、朋友、歷史、文化與脈絡的人，這就是康德所稱的「經驗自我」（empirical self）。經驗自我與世上其他事物相同，都是透過經驗而被認知；不過，除了超驗自我與經驗自我之外，還有一個相當難以理解的「自我自身」（the self in-itself）概念。這是身為能動者的自我，是能深思熟慮與行動的自我，是道德或不道德、負責或不負責的自我，以及活在實踐世界核心的自我。

第二批判

在第二本「批判」，即《實踐理性批判》（*Critique of Practical Reason*）中，康德討論了道德、人類自由與任何理性宗教的基本信仰。道德（morality），也就是道德法則的普世義務，是取決於「意志」，每個人都有理性意志，這種意志是自由的，不屬於現象世界的一部分。因此，我們有能力抗拒自身的愛好（inclination），像是欲望、情感等等，並且能控制自己的行為，使其符合自己的法則。而理性為自己建構的法則，即道德法則。根據康德的說法，當我們的行動完全合乎道德法則，就證明自己是自由的；相反地，當我們完全聽從自然（也就是我們的「愛好」）任意指揮，我們就不自由。

由於每個人內心都擁有同樣的理性能力，康德深信每個人都能獲得相同的道德結論。道德法則主要與抵抗「愛好」的道德需求有關，當我們無法同意別人在某種狀況下所做的某種類型之行為，理性會告訴我們應該阻止自己做出類似的決定。道德原則即是這種能夠作為非個人的、普世性的形式原則，康德又稱為「定言令成」（categorical imperative。事實上，康德提出好幾個這種令式，但他認為這些令式只是「陳述方式」不同，所指示的道德結論並無不同）。

康德的倫理理論伴隨著他對人類自由的強調，而非從宗教觀點來解釋道德，事實上，他極為堅持道德必須提出屬於自身的理據，而非仰賴宗教來源或宗教認可。因此，雖然康德本身相當虔誠，他的道德理論卻能與世俗或無神的觀點相容。康德想創造出能同時包容信仰和自由的空間，他認為信仰是理性動機的基礎，這種說法展現出康德心中的英雄盧梭所說的「道德的世界觀」。沒有信仰，不正義的經驗勢必使我們意氣消沉，遠離道德；為了堅持道德義務，我們必須相信道德行為終究能匯聚幸福。然而，「一廂情願」畢竟是不夠的，信仰和道德一樣必須是理性的。因此，我們必須「假定」上帝存在、人類靈魂不朽以及來世。理性、而非知識，向我們指出了宗教信仰的方向。

第三批判

在第三本「批判」《判斷力批判》（*Critique of Judgment*）中，康德追尋人類心靈能力與自然世界的關係。他思索審美經驗的本質，特別是人類對美的經驗，並檢視兩種常見審美品味觀點之間的明顯衝突。一方面，要裁決與品味有關的爭議似乎是不可能的，因為品味應該是純粹主觀的問題；另一方面，我們總是期望別人認同我們的品味。康德試圖調停兩方的緊張關係，主張美的經驗具有「普世的主觀性」：個人經驗是主觀的，由想像與理解的自由發揮所引發。這種活動本身即充滿趣味，影響也很深遠，不像絕大多數活動是為了滿足更深層的目的；相反地，它是以自己為目的。我們假定自己對美的審美經驗具有普世面向，這個假定相當合理，因為任何人都有能力欣賞美的經驗。

康德也思索「崇高」（sublime）的經驗，即客體的美學魅力極為強大而有活力，遠非人類的能力所能理解；舉例來說，無垠的星空或氣勢磅礴的尼加拉大爆布。康德認為，我們在這些景色中獲得快樂，是因為單憑想像力，難以完全涵蓋這些景致，而我們了解理性可藉由設想無限之物掌握這些不馴的「客體」。藉由這種方式，我們進一步感受到自己身為理性存有的尊嚴，同時也經驗到自己相較於自然事物的架構是如此渺小。崇高，以及作為目的與秩序的美，使我們領悟到自然與人類是宏觀設計下的一小部分。這種宏觀設計的觀念正如同亞里斯多德的目的論，其意義在於，現象世界的每個面向都在宏觀目的中占有一席之地，而這也使我們的思維轉向超越感官的實在。最後康德相信，自然的秩序以及自然與我們能力的和諧，能引導我們走向更寬廣的宗教觀點；簡單地說，就是一個不受知識與自由、甚至信仰限制的世界觀。這種宇宙的和諧感，預示了十九世紀一些最戲劇性的哲學觀點。

27 黑格爾與歷史

哲學的歷史向度：黑格爾哲學

法國大革命爆發時，黑格爾（G. W. F. Hegel）年約十九歲，革命的風暴橫掃法國邊境，就在他故鄉斯圖加特不遠處發生。黑格爾和許多日耳曼青年一樣，追隨啟蒙運動精神，並且對法國發生的事件抱著審慎而熱中的態度。世界正在改變，變得更「現代」。在黑格爾開始走上哲學坦途並且完成首部作品時，拿破崙正處於權力的顛峰，他誓言（或威脅，全憑個人觀點而定）統一歐洲並開啟國際主義（internationalism）的新紀元。事實上，拿破崙最大的一場戰役發生在耶拿，當時黑格爾正在這裡教書。

黑格爾親眼看見勝利的拿破崙，並且稱他是「騎在馬背上的世界史」。

哲學上，黑格爾極為讚賞並且效法康德，但是黑格爾哲學的重要性其實超越康德之後的學術論戰。他概述那個時代的創傷與幸福，並且宣告新世界的誕生不僅展現在哲學上，也展現在國際政治上。既然「世界精神」（Weltgeist）即將進入新時代，哲學也將達成它最後的目標：對歷史與人性廣包且全面的理解。

一般認為，黑格爾為哲學領域增添了新向度：哲學的歷史向度。不可否認，哲學家原本就會或褒或貶地提及他們之前的哲學家；然而，真正的「哲學史」觀念是個嶄新且令人興奮的觀念，在此不只是**哲學觀念**，還包括人類理智**有體系地演進**的觀念。黑格爾哲學是一種自覺的嘗試，企圖超越過去兩千五百年來界定人類思想的各種優異思想與哲學論戰。黑格爾堅持，必須在「世界精神」的大脈絡下觀察這些歷史上的思想衝突，如此將會發現這些衝突只是局部的混戰與不合，而非決定性的對立。世俗主義與一神論、科學與精神、理性與熱情、個人與社群……這些概念各有恰如其分的位置，雖然都是有用的概念，在涵蓋所有人類經驗與知識的歷史「辯證法」中，卻往往彼此衝突。

從理論上統一世界：《精神現象學》

一八〇七年，黑格爾出版了第一部同時也是最偉大的作品《精神現象學》（*The Phenomenology of Spirit*）。《精神現象學》是一段偉大的概念旅程，帶領我們從最基本的人類意識概念，走向最包羅萬象而複雜的人類意識概念。它的目的在於獲致真理——此指「絕對」真理，但「絕對」並不代表「最終與完成」，而「真理」也不指涉「事實」。黑格爾追尋的哲學真理是無所不包的觀點，而「絕對」這個驕傲的用語其實是宏觀哲學下的一種謙卑態度：意識到我們都是宏觀脈絡下的一小部分。個人對知識與真理的貢獻從來不是決定性的，相反地，總是局部、間接且片面的。

《精神現象學》的核心關切是精神的本質，也就是將所有人類與自然囊括在內的宇宙靈魂觀念。《精神現象學》的結論在於無所不包的精神，在這個精神中，並非所有的歧見都已化解，所有的爭端都已解決，所有的問題都已回應；而是無論分歧有多嚴重，爭端有多激烈，問題有多難回答，全都結合在這個精神中。拿破崙渴望統一世界，但真正統一世界的是黑格爾——當然，是就理論上來說。儘管如此，涵蓋一切的意識觀念卻是邁向真實世界統一的第一步。

《精神現象學》的第一部分與知識問題有關，從笛卡兒一直到康德，這個問題一直困擾著現代哲學。黑格爾接受康德對懷疑論的駁斥，卻反對康德抽離時間向度的知識討論，也反對無時間的範疇概念。黑格爾堅持知識會「發展」，他與亞里斯多德相同，以生物學與有機物為範本，而非物理學與數學。意識不只是我們賴以獲取世界知識的超驗視角，它會成長，並發展新的概念與範疇。意識發現自己被不同的「意識形式」撕裂，並且學習如何妥協，乃至超越不同的「意識形式」。意識與知識是動態與辯證的，它們透過對立與衝突而成長，而非只是透過觀察與理解。

意識發展為自我意識，黑格爾接著反對笛卡兒與康德的自立自我；他認為自我不僅由社會建構而成，也從人與人的互動中產生。自我的問題引出《精神現象學》中最有名也最富戲劇性的篇章：主人與奴隸的寓言故事。在這故事中，兩個「自我意識」彼此對立，並且爭取對方承認。在（幾乎）至死方休的戰爭中，必定有一方是贏家，一方是輸家；一方成了主人，另一方則淪為奴隸。兩方都取得對方的承認，並且透過對方的眼睛來辨識自己。這裡的重點是，自我的發展並不是透過內省，而是透過相互認可；也就是說，本質上，自我是社會性的。黑格爾也關注人際關係的真正本質，許多哲學家（如霍布斯與盧梭）也以人際關係為「自然狀態」假說的前提。這些假說的共通點在於，人類一開始都是孑然一身，之後在彼此同意下才成為社會的成員。黑格爾認為這種假定毫無道理，因為個別性只會在人際脈絡中出現。人類的基本欲望與需求不只是安全與物質必需品，還包括相互承認；凡是忽略這點的人性觀點，勢必錯失人類存在本質的複雜性。

黑格爾在《精神現象學》中一個接一個揭露意識形式的不足之處，指引我們從一個觀點或態度推進到另一個觀點或態度。始於他的論述「主／奴寓言」的不幸結論：主人與奴隸同時發現自己處於無法自圓其說的地位；而我們受引領，經歷了各種為應付或規避人生困難而產生的哲學策略（斯多葛主義、懷疑論與某些基督教形式）；最後當接觸到絕對精神，也就是《精神現象學》長期顛峰的開端，我們才終於了解，我們不只透過承認與彼此扮演的角色來互相界定，同時也藉此在概念上辨識我們全體，一方面意識到自己身為道德社群的一員，另一方面則透過宗教了解自己與自然本為一體。法國大革命是辯證過程的一個僵局，黑格爾以它為例，說明失去控制的個人自由最終只會帶來自我毀滅。過度發展個別性造成的反響，使得黑格爾轉而更強調「共同體」情感；而他也以此為基礎，發展出自己的政治哲學。最終，我們都將是絕對精神，認識這項重要真理是黑格爾哲學的「絕對」目的。

黑格爾的《邏輯學》（*System of Logic*，並非形式邏輯或數學意義的邏輯）聚焦在基本的概念或「範疇」上，康德曾認為這些是所有知識的「先驗」基礎，認為這類範疇是秩序僵固且定義清楚的，黑格爾卻有意證明這些概念的本質是「流動的」，而且是相互界定的。概念總是具有脈絡性，而這些概念的意義取決於概念間的對比與互補。此外，對概念的終極理解必須以經驗為基礎，若捨去脈絡卻徒留形式，概念將完全失去實質意義。《邏輯學》的重點在於，現代哲學堅持區別主觀經驗與客觀實在是完全徒勞無功的；事實上，二十世紀物理學的研究已經證明，知識、實在與經驗密不可分。

黑格爾的政治哲學

黑格爾晚年成為日耳曼最富盛名的哲學家，並且任教於柏林大學，而他也在此時藉由講課擴充並完成自己的哲學體系。黑格爾發展了自然哲學，並簡化邏輯學，將其併入全面的哲學史中。事實上，我們今日所知的哲學史領域就是黑格爾奠定的。不過，黑格爾對哲學最重要也最具爭議的貢獻，也許是他的政治觀點以及他對現代社會的看法。

黑格爾對政治的興趣，可以追溯到十八、十九世紀之交在耶拿講課的時期，當時拿破崙正橫掃歐洲，並且在分崩離析的日耳曼諸邦煽動革命。黑格爾的政治與社會理論在《精神現象學》中略顯雛形，而後完成於一八二一年寫就的《法哲學原理》（*Elements of the Philosophy of Right*）；此時正是拿破崙敗北的六年後，歐洲正要開啟一段穩定而壓迫的「反動」時期，黑格爾的觀點一定受到這段動盪歷史的影響。在《精神現象學》中，黑格爾自信地宣稱他的哲學猶如「新升起的太陽」；相反地，他在《法哲學原理》一開頭卻說：「密那瓦（Minerva，羅馬的智慧女神）的夜　只會在夜幕降臨之際振翅飛翔。」這意思是，哲學總是在事實發生後才描述已發生之事。黑格爾暗示，哲學本質上是個保守的學科。

黑格爾政治哲學的爭議點在於，與國家相比，他認為個人是次要的。他的目的是要接續霍布斯與啟蒙運動的社會與政治思想史，但他的想法並非如人們所認為的，具有極權主義（totalitarian）與專制主義（authoritarian）的傾向。我們不應將黑格爾與之後的拙劣模仿者（如列寧與墨索里尼）混為一談，後者未能掌握黑格爾的重點：個人的意義取決於其賴以生存的社會脈絡。事實上，黑格爾認為，人類歷史的重心、其最終目的，是實現人類自由。

28

詩與哲學的戰爭

——浪漫主義

對理性主義的反動：赫德與維科

十八、十九世紀之交，日耳曼哲學似乎面臨了一些重大問題，從一開始的人類知識可能性，到最後對「絕對」的終極掌握。此外，即便包含了整個宇宙，在這個單薄的架構中，還存在著一些生動的爭論，這些爭吵不只存在於「易怒的哲學教授」（叔本華的說法）之間，也存在於當時最富才華的詩人與預言家之間。所有人都想成為新日耳曼的「詩人」（Dichter）。不只是一般意義下的詩人，而且還是哲人，亦即時代精神的發言者。競爭因此而生，不只是易怒的哲學家互別苗頭，連哲學家與詩人、理性與靈魂之間也針鋒相對。柏拉圖與詩人的古老爭論重現於日耳曼，差別只在於，這一次哲學家處於防守狀態。

為理性的客觀性所進行的激烈戰鬥，因為人們開始崇拜熱情與天賦而受到挑戰；而這個看似畸形卻熱烈的運動，我們通稱為「浪漫主義」（Romanticism）。在日耳曼，啟蒙運動從未像在英格蘭與法國那樣遍及各個層面。就日耳曼人受西方啟蒙運動的影響而言，喚醒他們的並非休謨，而是盧梭；盧梭的自然獨立奇想以及溫和的多愁善感，慰藉了日耳曼人的心靈。新日耳曼精神的提倡者是詩人赫德（Johann Herder），他也是哲學家（我們應該當心，不要墮入過度誇大哲學與詩的差異的陷阱中），卻是個性格相當特異的哲學家。康德與啟蒙運動主張「四海一家」與普世的理念，但是，赫德從年輕時期就認為這樣的哲學讓他感到「無家可歸」。對赫德來說（同時也因為赫德的緣故），日耳曼文化與日耳曼某些特定觀念，有權主張自己在世界舞台上擁有自身的特殊位置。

康德與啟蒙運動提倡理性，赫德卻強調感受，即直接的體驗；唯有感受我們最初與世界是一體的，才能認識自身的「生命力」。意識和語言打斷了原初的統一性，雖然這不是壞事，但從事反思的生命畢竟只是有限的生命。感受的生命，也就是透過詩文而捕捉的「狂飆」（storm and stress），是人與世界合一的必經之路。

早在黑格爾之前數十年，赫德就相信「歷史」的重要性，他可以說是另一個被忽視的天才——義大利人維科（Giambattista Vico），赫德剛好在他去世的那年出生——的日耳曼化身。當時的哲學傳統忽視歷史與文化，認為真理是永恆不變的實在；然而，赫德與維科的說法與主流的傳統大相逕庭。維科嚴詞攻擊笛卡兒及其理性論與演繹法，他和赫德一樣，認為生命中非理性的一面極為重要，並強調宗教信仰與順從（而非哲學思考）是社會生活的核心成分。赫德與維科是早期的反科技人士，或者可以說，他們對於機械的出現感到不安。他們也和盧梭一樣，對啟蒙運動認為科學與科技能改善人類生活的說法抱持質疑的態度。

維科年輕時受到同胞馬基維利作品的激發，因而認識到一個悲慘又明顯的事實：人類的生命並非由理性決定，而是爭論、衝突與變動。因此，維科主張**演進的歷史觀點**。社會的成長階就像個人的成長階段，它和個人一樣也會腐化、衰敗與死亡。赫德運用同樣的類比，但是增添了一些觀念論成分，主張「更高的統一」。明確的浪漫主義觀點於焉出現：統一產生於爭論與衝突中，普世性來自於特殊性，上帝與絕對精神則從日常生活的複雜與混亂中流瀉而出。就這個觀點看來，至少黑格爾可以算是浪漫主義者（黑格爾否認自己和浪漫主義有任何關聯）。

承繼康德的浪漫主義哲學家：叔本華

理性論者與浪漫主義者都將他們的觀念追溯到康德，但是康德對詩的品味只停留在五行打油詩，而他對音樂的愛好也僅止於星期日下午的軍樂團音樂會。康德之所以能激勵浪漫主義者，並不是因為被休謨喚醒，或是接受為牛頓物理學的基礎辯護的挑戰，也不是因為康德主張「定言令式」與道德法則的普世性；而是因康德的第三本「批判」《判斷力批判》提到審美的判斷和宇宙的目的，這些主題正足以引發浪漫主義者的興趣。事實上，真正捕捉到日耳曼青年浪漫主義詩人的想像與「自傲」的，是康德明確提出的觀點：世界的目的可以在藝術與「天才」自發的展現中尋得（這種觀點不可避免促成大量劣質的詩文）。

青年浪漫主義者缺乏的是真正的浪漫主義哲學家，一個能接續康德的天才，一個能依照浪漫主義的宇宙觀與典型悲劇感受來剪裁世界的哲學家——至於這個哲學家是否具有幽默感並不重要，他就是叔本華（Arthur Schopenhauer）。叔本華因其悲觀主義與極度吝嗇聞名於世，而他對黑格爾的反感也眾所皆知。叔本華最輕視黑格爾的樂觀主義，相信人性能不斷改進。他認為許多人在多數時間是完全受到矇騙的，而自從有人類以來，這種狀況就沒有太大改變。身為康德的崇拜者，叔本華運用康德「現象世界」的觀念，兼採佛教「世界是幻覺」的思想。叔本華或許是第一個大量引進亞洲古代思想的大哲學家，他的核心哲學也一反黑格爾自我意識的理性樂觀主義，轉而採納佛教的第一聖諦：生命是苦。

叔本華認為，我們以為自己是世界的一部分，卻忽略了潛藏於世界底下的深刻真實，也就是「物自身」（thing-in-itself），或可謂「意志」。當然，對康德而言，意志本質上是理性的，並以自由為前提。他反對康德的說法，不認為意志具有理性，也否認意志是個別的人類能動者特有的。世上只有一個意志，而它是一切事物的根本。現象界的每個存有都以自身的方式展現意志：作為自然力量，作為本能；或者，以人而言，作為理智。每個存有都表現出相同的內部實在，但是這些實在並不完整。意志不具有終極目的——動物出生，努力求生，交配，繁殖，而後死亡，牠們的後代做著同樣的事，一代一代地重複同樣的過程。這些究竟有什麼意義？而身為理性生物的人類又有什麼不同？

叔本華接受佛教四聖諦的教誨，認為一切的生命都是苦難。痛苦來自於欲望，但如同佛教所教導的，我們可以藉由「終止一切自私欲望」來減輕痛苦。因此，叔本華和佛教徒一樣主張禁欲；而根據叔本華的看法，現成的減輕痛苦之道就是審美經驗。藝術讓我們從「意欲的刑罰苦役中獲得安息」，叔本華堅稱，藝術家的天才同時轉變了觀看者與客體。至此，青年浪漫主義者很高興終於找到浪漫主義的代表者。

29

超越黑格爾

——齊克果、費爾巴哈與馬克思

存在主義的起源：齊克果

叔本華並非黑格爾哲學的唯一反對者，之後齊克果（Søren Kierkegaard）也加入了反對陣營。齊克果出生並成長於哥本哈根，當地的路德教派深受康德與黑格爾理性論的薰陶，而丹麥人的生活則受到路德教派的支配。齊克果反對康德對宗教信仰的理性重建，堅持信仰在本質上是非理性的，是熱情而非可證明的信念。齊克果反對黑格爾的整體論將人、自然與上帝綜合成單一的絕對精神，並且認為「個人」應居於首要地位，而上帝則是完全的「他者」。他反對世俗化的路德教派，認為路德教派不該將教務日常化，並且讓教會淪為慣常的禮拜儀式。齊克果宣傳純粹、熱情、孤獨與非世俗的宗教，並且要求基督教應該——至少在氣質上——「回到路德當初脫離的修院傳統」，他深信自己畢生的、蘇格拉底式的任務，是重新定義「身為基督徒的意義」。

為了界定基督教的新意義，齊克果賦予了平凡無奇的「存在」概念一種非凡的詮釋，並且堅持熱情、自由選擇與自我定義的重要性。齊克果認為，存在不只是「在某處」而已，還要熱情地生活，選擇自身的存在，並且投入某種生活方式中。這是「存在主義」（existentialism）的起源。齊克果說，這種存在極為罕見，因為絕大多數人只是順從常規、默默無聞的「大眾」。

齊克果選擇的生活方式是基督教，然而，這個基督教和他經常嘲諷的薄弱信仰及社會操持的「基督教」大不相同。根據齊克果的說法，想要成為基督徒，必須在面對宗教主張的「客觀不確定性」時，充滿熱誠地進行「信仰的跳躍」（a leap of faith）。人無法得知或證明上帝存在，必須全心選擇相信上帝存在。齊克果哲學的核心是強調「主觀真理」，他批評黑格爾的長期歷史觀點及無所不包的絕對精神概念，認為黑格爾是「抽象思想家」，完全忽略「存在且具倫理面向的個體」。在宗教生活的選擇上，齊克果堅持其中沒有終極理性的理由，唯有主觀的動機：個人的需求與熱情的投入。人必須「跳躍」，其中不存在任何保證。

費爾巴哈的唯物論

到了十九世紀中葉，日耳曼哲學中除了觀念論似乎沒有其他選擇。世界由觀念構成，不管這個世界是幻覺（如叔本華）或超驗客觀（如康德），或甚至絕對精神（如黑格爾）。之後，某個反對既有觀念的人大步走進日耳曼哲學世界中，這個人就是費爾巴哈（Ludwig Feuerbach），他因為嚴厲批判基督教而招致惡名。費爾巴哈務實的唯物論可以用他的一句名言（而且是惡名昭彰的雙關語）概括：「你吃什麼，你就成了什麼」（Man ist was Man isst.）。觀念構成的世界不過是如此：哲學家晚餐吃了什麼，或者更廣泛地說，人類如何應對世界，決定了人的生活。觀念只是這些決定的結果。

馬克思談階級鬥爭

黑格爾死於一八三一年，之後他的哲學連同費爾巴哈激進的新唯物論，為新一代政治叛逆的大學生提供了靈感，這些大學生透過費爾巴哈對黑格爾「辯證法」的詮釋，來理解歷史與政治衝突。在這些接受唯物論的青年黑格爾主義者當中，最著名的是馬克思（Karl Marx），他一開始是浪漫主義詩人與從事論戰的新聞記者，之後轉而將黑格爾的觀念辯證法，改造成關於經濟力量的理論。黑格爾的世界精神被生產力取代，至於觀念之間的對立，則替換為彼此競爭的社會經濟階級。

馬克思告訴我們，歷史總是充滿「有產」與「無產」之間的階級衝突：古代世界的主奴關係，以及封建時代莊園領主與農奴的關係，都是明證。到了現代工業時代，衝突轉而出現在企業主與工人、資產階級與無產階級之間。然而，正如黑格爾所顯示的，思考方式或生活方式如何因其內部的矛盾而失敗，馬克思也認為「資本主義」的生活方式造成少數富裕工業家與廣大被剝削勞工之間的鬥爭，將會因自身內部的矛盾而崩潰。最後，馬克思預言這場崩潰將導致「無階級社會」出現，工作與報酬將公平分配，沒有人被剝削，也沒有人被剝奪財產。

馬克思的烏托邦觀點最後成為世界上最具影響力的意識形態，即使一九九〇年代全世界共產主義（communism）崩潰後，它仍殘存下來。不管人們對馬克思主義夢想與亞當·斯密的自由企業體系（人們不該低估這兩者之間偶有共通點的程度，例如，它們都承認人類勞動的固有價值，並且都對壟斷者不屑一顧）抱持著什麼樣的想法，毫無疑問，世俗的經濟世界與動態的唯物論概念都已屬於哲學的一部分。

30 人性往何處去——彌爾、達爾文與尼采

彌爾和邊沁論效益主義

在英格蘭，工業革命此時已邁入第二個世紀；商業繁榮，而迄今仍是經濟世界中一小股力量的消費主義（consumerism），正在改變世界。重視個人滿足的結果也促成新的哲學應運而生：個人幸福的最大化成了哲學的終極目標。這種哲學被稱為「效益主義」（utilitarianism），它雖然起源於十八世紀，卻是在辯才無礙的約翰・彌爾（John Stuart Mill）手中發展完成。

從某方面來說，休謨也可以算是效益主義者，他曾主張倫理的基礎在於「效益」。邊沁（Jeremy Bentham）則是第一個對效益主義做出完整、正式陳述的哲學家，「效

益主義」一詞就是他命名的；而約翰・彌爾的父親詹姆士・彌爾（James Mill），也是效益主義的熱情支持者。雖然如此，真正明確而有系統地說明效益主義的人，則是約翰・彌爾。邊沁認為，效益的核心原則是追求最大快樂與最小痛苦。約翰・彌爾則為這個粗淺的量化理論增添了快樂的「品質」問題，並因此強調詩與哲學的重要性；儘管事實顯示，就享樂主義（hedonism）的觀點而言，泥地摔角和打保齡球能給予未曾接觸此類娛樂的人更大的快樂。不過，效益主義還是完美掌握了消費革命的心態。在幾乎沒有遭受抵抗的狀況下，效益主義順利傳入法國，之後也傳入美國，並且在當地獲得最熱烈的歡迎。在日耳曼，效益主義仍被視為庸俗之物，可能是因為當時日耳曼的工業革命尚未展開（尼采曾說過一句刻薄的話：「人活著不是為了追求快樂，只有英國人才會如此。」）

除了主張效益主義和鼓吹自由企業的優點，約翰・彌爾還為個人權利理論辯護，他的觀點因而成為「自由主義」（liberalism）的古典說法。約翰・彌爾後來轉而傾向社會主義（socialism），但他終其一生都是個人自由的熱情擁護者。他認為，唯一可以限制個人自由的理由，就是保護他人的自由。

達爾文的演化論

約翰．彌爾的知識理論具有革命性，或者該說是接續了過去英國革命的精神；而他大膽的新經驗論在生物學上表現尤為明顯，這個領域長期以來一直受到亞里斯多德式分類與宗教創世觀點的束縛。從亞里斯多德以來，人們一直以性質、互動與差異為標準，對看似無窮的生物物種數量進行分類。至於為什麼會有這麼多物種？這些物種如何適應環境？這些問題讓很多人覺得突兀，因為對這些人來說，《創世記》已經提供了傳統解答：「因為上帝是這樣創造萬物。」到了十九世紀中葉，華萊士（Alfred Russell Wallace）與達爾文（Charles Darwin）這兩位彼此競爭激烈的自然主義者分別提出了改變自然概念以及讓忠於聖經記載的人震撼的理論。

演化論認為，物種是數十億年前偶然出現在地球上；根據物種對環境的適應程度，物種不是存活繁殖，就是死亡消滅。這種論點最引起爭議的地方，當然是「人類也是演化而來」的觀點。祖先可能是猿猴的觀點，讓有些人感到被冒犯；另一些人則認為，主張「物種是產生自機遇與運氣，而非上帝創造」，這個觀點是一種褻瀆神明的說法。然而，就算是接受人類演化觀點的人，如達爾文自己，也發現自己面臨一個重大問題：人類仍在演化嗎？如果是，人類將演化成什麼？我們只是介於「低等」動物與比我們更高等、更有力量或更能適應環境的生物之間短暫、過渡的存在嗎？

尼采談「人性」的未來

到了十九世紀末，這類問題得到最震撼、最挑釁的回應。德國哲學家尼采（Friedrich Nietzsche）寫了一篇華麗的虛構史詩，追溯主角查拉圖斯特拉的教化之功（該名角色以提出宇宙善惡力量的波斯先知為名）。在《查拉圖斯特拉如是說》中，尼采提出不可思議的說法：人類只是猿人與「超人」（Übermensch）之間的橋樑。自此，「人性」的未來開始被懷疑。

另一方面，尼采在同一本著作中又語帶揶揄地提到另一個稱為「最後之人」的角色，最後之人有「終結」演化的可能（至於是否真有這樣的可能，或者是言過其實，端視個人觀點而定）。最後之人是最終的資產階級，是心滿意足的效益主義者，是成天坐在沙發上看電視的人。最後之人說：「我們已經找到幸福。」眼神閃爍著呆滯的滿足感。尼采警告，我們將來也有可能變成這樣。我們可以繼續享受安逸，遠離危害，無視神祕與未知，並且阻礙創造力，直到世界對我們毫無威脅、而我們成為「難以根絕、如同跳蚤般的生物」為止。或者，我們可以努力超越「人性、太人性的」層次，渴望達到「超人」的境界；然而，要理解什麼是「超人」，必須重新檢視整個西方歷史，了解我們是誰，以及我們如何成為現在的自己。

尼采堅持我們必須回顧歷史，了解我們是什麼以及可以是什麼，他不僅提到達爾文，也回顧了黑格爾、維科與赫德。為了追溯西方思想的演進，尼采回顧早期基督教、蘇格拉底，甚至往前到荷馬與前蘇格拉底時期的劇作家。尼采是經過訓練的古典文獻學者，他發現西方的希臘遺產與猶太—基督教傳統有衝突，因而完全反對基督教歷史對這兩者進行的「綜合」。

舉例來說，這兩種傳統對人類苦難天差地別的態度，就讓尼采感到震驚。猶太—基督教傳統試圖以原罪來解釋不幸（以尼采的觀點來說，這是典型的「責怪受害人」取向），而古希臘人則將各種苦難視為人類生命根本的悲劇本質。尼采的第一部作品

《悲劇的誕生》（*The Birth of Tragedy*）分析雅典的悲劇藝術，他認為雅典的悲劇是希臘人在極度脆弱時仍不屈不撓、堅持生命意義的產物。根據尼采的看法，悲劇源自於對人類命運的認識與美化（甚至是理想化）。

尼采認為，希臘的悲劇觀點結合了兩種不同的視角，即雅典人結合的兩個神祇，分別是阿波羅與戴奧尼索斯。戴奧尼索斯是酒、性與狂歡之神，代表存有動態的流動、命運的接受與創造力造成的混亂，祂的崇拜者滿足於狂野又橫衝直撞的生活。從戴奧尼索斯的視角來看，個人的存在只是幻覺，我們真正的實在是參與在生活中。另一方面，太陽神阿波羅則反映了雅典人對美與秩序的迷戀。從阿波羅的視角來看，個人的存在不可否認是真實的，而人類的脆弱才是真正可怕之處；不過，阿波羅的視角能美化現實，讓我們暫時忘卻自身的脆弱，並且珍惜此生有限的生命。尼采認為，雅典悲劇的非凡之處在於，同時喚醒了阿波羅與戴奧尼索斯兩種視角。

相較於猶太—基督教傳統以原罪與救贖來解決惡的問題，尼采寧願採取悲劇觀點。此外，尼采也認為，相較於他的哲學導師叔本華的反動悲觀主義，以及忽視悲劇並佯裝所有與我們有關的問題都能經由科技加以改正的現代科學樂觀主義，悲劇觀點更為可取。尼采為重視個人卓越與高貴的古希臘倫理觀點喝采，相較之下，猶太—基督教傳統則過度沉溺於原罪、罪惡與彼世的救贖中。

關於這些古希臘人，尼采幻想地說：「他們知道如何面對人生！」希臘人的道德基礎在於自我堅持，而非自我貶低或放棄本能。我們已經受夠傳統對於「心靈平靜」或「避免激情」的強調，我們的理想應該充滿活力以及創造力。尼采與叔本華一樣，認為人類與自然界其他存有相同，本質上都具有意志，但是，尼采更進一步主張，我們（以及所有自然界的生物）具有「權力意志」（will to power），權力意志是在我們擴展生命力與力量的欲望下運作的。尼采反對叔本華對生命意義抱持的悲觀主義，認為肯定生命而非棄絕生命才是哲學應有的結論。

相對於雅典人的道德，也即悲劇的英勇與掌控的道德，尼采認為基督教的道德將毫無熱情的平庸者視為道德典範。根據基督教的觀點，庸庸碌碌度過人生但極力避免原罪的人，可以上天堂；至於有創造力的人，則因拒絕隨波逐流而被視為不道德。尼采認為，許多（即使不是絕大多數）猶太—基督教（與康德）倫理其實是一種「齊頭式」工具，能使弱小的平庸者出於憎惡，陷有天分的強者於不利。因此，尼采主張

「超越善惡」，超越我們習於將道德判斷加在自己和他人行為的傾向，轉向較具創造性的心理與自然主義視角。

對於那些長期試圖接觸超驗世界的做法，尼采也下了結論。他以最侮辱性的言詞反對所謂「表象下的實在世界」這種觀點，並且否認這樣的世界會比此世更美好。尼采攻擊「彼世」觀念，並且在猶太—基督教傳統（也就是相信表象背後有個全能而仁慈的上帝）中找到最明顯的攻擊目標。基督教世界觀只將人類生命視為通往「永恆」世界的最短路線，尼采為了反對這種觀點，重新提出「永恆回歸」（eternal recurrence）的觀念，認為時間周而復始地循環。如果人們認真看待永恆回歸的景象，並且想像人的生命以同樣的方式一再出現，就會突然發現每個「時刻」都極為重要；換句話說，生命本身、此生，已能代表一切。

尼采不僅指控基督教，也攻擊柏拉圖「彼世比此世更為重要」的觀點。事實上，尼采攻擊的整個西方哲學傳統，有時甚至反對「真理」觀念，認為我們信以為真的觀念只是虛假的觀念，只是因為有用而被當成真實。哲學思考應該放棄真理觀念，並且將目標轉向如何過好我們的人生。

31 從清教到實用主義

——美國哲學的發展

務實的美國哲學

尼采反對真理，主張哲學應當致力於改善人生，這種觀點在新世界受到一定程度的歡迎——「新世界」是歐洲（現在被稱為「舊世界」）哲學思辨的實驗對象。不過，長久以來，美國哲學也不斷摸索自己的出路。第一個在美國興盛的哲學學派，是位於美國中部密蘇里州聖路易市的黑格爾主義學派。至於在哈佛與其他地方，德國與英國提供了主流的哲學典範。即使到了今日，從紐約到加州最新的哲學思潮通常仍是從法國引進。

然而，早期殖民者需要擔心的不只是歐洲哲學思潮。新殖民地經常面臨威脅，殖民者不可避免地將心神貫注在立即而實際的現實上。因此，從一開始，美國哲學就走向不無病呻吟、實際或「實用」的路線。

雖然如此，新世界（特別是新英格蘭）的哲學史卻是從宗教爭論與分離主義運動開始。早期許多移民離開歐洲是為了尋找宗教自由與寬容，但是（這種事經常發生），一旦他們找到了自由與寬容，就變得不寬容。美國文學的第一部作品就是鞏固清教信仰而誕生，此即威格爾斯沃思（Michael Wigglesworth）的《審判日》（*The Day of Doom*）。新英格蘭清教牧師愛德華斯（Jonathan Edwards）在傳道時也同樣強調宗教教義。他回憶自己認為的新教基本洞見，認為我們「生來敗壞」，唯有在上帝恩寵中才能找到救贖。這類宗教衝動以及不斷出現的新宗教運動，造就了未來美國的性格。羅馬天主教會已經持續超過一千五百年，美國新英格蘭的一些教會卻可能持續幾個月就消失了。

即使城鎮與種植園已經確立，金錢也不斷湧入美洲，哲學似乎仍未引起忙碌的商人與充滿活力的農人的興趣，此時他們正一意往「蠻荒」推進，並且為往後作家所稱的「大美利堅帝國」播下種子。儘管如此，當時的殖民地仍有一些別具哲學天分的思想家，這些人的身分主要是律師與商人，其中包括獨立宣言起草人傑佛遜，以及富蘭克林（Benjamin Franklin），他在啟蒙運動革命觀念中找到賴以建國的意識形態（或者更精確地說，是一套繁複的意識形態）。美國因此成為將觀念付諸實踐之地，同時是第一個也是最著名的依憲法建國的現代範例。儘管如此，美國哲學的發展主要局限在學術圈；即使是受過教育的一般大眾，反智主義（anti-intellectualism）以及對哲學的無知仍居於主流。

隨著美國逐漸工業化與都市化，復興的浪漫主義開始反對安逸與消費主義，轉而提倡簡樸生活。十九世紀，美國的工業擴張與城市成長，使得哲學家起而反抗並讚頌美國自然之美崇高的一面，而剛抵達新大陸的歐裔美國人也發展出以自然為精神食糧的哲學。隨著美國城市人口愈來愈稠密，生活條件日趨不良，與自然有關的幻想也就一再出現在美國思想中。梭羅（Henry David Thoreau）是一群以隱士自稱的作家中最著名的一位，他定居於麻薩諸塞州的瓦爾登湖畔。身為無固定職業的無政府主義者（anarchist），梭羅讚頌與自然交流的個人簡樸生活，厭倦吸引當時許多人投入其中的商業投機的城市化生活。事實上，對於社會過度文明化的嫌惡，使得梭羅提倡以鮮明的不合作運動作為達成重要社會改革的和平手段。他的〈公民不服從論〉（Civil Disobedience）一文影響相當深遠，並且啟發了甘地與金恩博士對抗帝國主義與種族厭迫。

梭羅雖然離群索居，卻仍意識到自己屬於某個哲學運動的一環，此即興盛於一八三六至一八六〇年間的「新英格蘭超驗主義」（New England Transcendentalism）。這些偉大的新英格蘭「超驗主義者」，是康德與黑格爾在哲學上的直系子孫，例如愛默生（Ralph Waldo Emerson）強調自然的精神重要性。愛默生接續黑格爾的說法，認為人性連結著「超靈」（Oversoul），超靈概念賦予人一種直覺的道德指引。愛默生的著名之處在於，他鼓吹「自力更生」是終極德行，並且結合啟蒙運動與帶有社會改革進步觀點的歐洲浪漫主義，特別是廢奴與婦女投票權等主張。超驗主義者是樂觀主義者，深信人性本善，並且熱衷於主張人性具有各種可能。愛默生發展了「世俗人文主義」（secular humanism）哲學，偶爾會遭到當時新教中的福音派咒罵；不過，正如人文主義是在基督教會的脈絡中產生，世俗人文主義也植基於宗教感受。

新英格蘭超驗主義者明顯受到歐洲浪漫主義者與觀念論者的影響，然而，仰賴歐洲思想已超過百年的美國知識界，也開始對這種依存關係感到煩悶。美國人開始有意識地拒絕大多數具有歐洲風格的事物，並且自豪於自身的原創性與才能，而美國本土哲學的呼聲也開始出現。美國哲學完全不同於歐洲的經院哲學與形上學思維，其具有獨特的美國思想風格：實際、實事求是、不鑽研經院哲學或形上學、反思美國經驗。這種哲學被稱為「實用主義」（pragmatism）。

三位實用主義哲學家

哈佛哲學家皮爾斯（Charles Sanders Peirce）認為，自己的實用主義可以改正當時科學方法的笨拙與曖昧。皮爾斯原本是邏輯學家，最著名的就是發展了符號、還有符號之間相互關係的理論。除了數學與形式符號邏輯，皮爾斯只相信以下的「永恆」信仰：凡是由先驗證明的事物，幾乎可以確定不會有任何實際用處。身為實用主義者，皮爾斯堅持必須不斷測試信念的可靠性，無法通過測試的就必須捨棄。

詹姆斯（William James）是實用主義代表人物，也是小說家亨利・詹姆斯（Henry James）的哥哥。他再次強調經驗的重要性，他的「激進經驗論」完全不同於妥協的舊經驗論。詹姆斯創造了「經驗流」[7]一詞，其生活與研究也橫跨了哲學與心理學領域。他也是首批對神經科學這個新學科產生興趣的美國人之一，著有兩冊《心理學》（Psychology），如今看來雖已明顯過時，卻仍被認定為神經科學領域的經典。此外，相較於科學研究，詹姆斯更關心日常生活的問題；正因如此，他才成為第一個普及實用主義的人，並且引領實用主義走出哈佛學術殿堂，成為美國智性生活的主流（或許可以提一下皮爾斯，他對於詹姆斯推行的運動大受歡迎頗感不以為然，就在自己的作品中另創了「pragmaticism」一詞來與之區隔，他表示「這個字實在太拗口，沒有人會誤用」）。

詹姆斯認為，觀念是不是有用，端視其是否具有「現金價值」，也即是否對我們的實際計畫有所助益。雖然強調實用，詹姆斯仍未忽略宗教與道德信念的重要性；事實上，他認為宗教經驗是人類「實際」生活不可或缺的面向。不過，宗教經驗雖然比宗教教義來得重要，詹姆斯也承認，如果道德與宗教信仰指引我們，並且讓我們的生活更合理，它們也就具有「現金價值」。

在這種強調經驗的脈絡下，無怪乎詹姆斯在美國哲學界的地位歷久不衰，而他的影響力甚至蔓延到哲學界之外；事實上，詹姆斯在歷史學家、記者與文學批評家圈子裡的名氣更大。「經驗」似乎是二十世紀美國生活的全貌，從新媒體不斷推陳出新到「經驗產業」（不只娛樂，還包括在安全環境下虛擬體驗各種冒險活動）。在哲學中，這種對經驗的強調也和「多元主義」（pluralism）的轉向有關，多元主義使得各種體驗世界與生活的方式得到正當化。對於充滿各種野心與冒險移民的文化多元社會來說，多元主義的確是一種完美哲學。

二十世紀實用主義的中心人物是杜威（John Dewey），他或許可說是美國最卓越的哲學家。杜威受到黑格爾動態觀點的影響，因此從年輕時期開始，就已經是福音派黑格爾主義者。雖然杜威後來與黑格爾漸行漸遠，但他整個哲學的基礎是建立在黑格

7 編注：原文為「stream of experience」，或可理解為「意識流」（stream of consciousness），詹姆斯將意識理解為一連串連續的經驗。

爾動態統一的概念之上。杜威畢生的事業都在反對過度誇大的二元論——心靈與身體、必然與偶然的命題、因果、世俗與超驗——他認為二元論非但不能說明經驗，反而分裂經驗，使哲學難以進展。他是反化約論者（anti-reductionist），比起靜態的抽象分析，他更喜愛豐富的理論與功能理解，像是「如何運作」、「如何適應」。

杜威的實用主義風格又稱為「工具主義」（instrumentalism），視觀念為有助於解決實際問題的工具。他比其他實用主義者都還強調「實踐」，要求我們必須實際從「做」中學。因此，他的教育理論主要認為兒童應該從做中學，而不只是從聽或讀中學，但該理論經常被譏為「放任」。杜威嚴詞批評那些將人類知識限縮於「旁觀者」視角的哲學家，認為他們或許藉由觀看來理解，卻從未參與其中。因此，為了取代傳統重視方法與結果的科學哲學，杜威擴充了質問與學習的性質。教育是經驗，而經驗是解決問題、參與和投入的過程。換句話說，與傳統中學教育完全相反。

非裔美國人的哲學

在一個處處以「新」為理由的國家，有些偉大哲學家反而來自受壓迫的少數族群。我們已經失去大量又豐富的美洲原住民哲學口述傳統，卻仍擁有非裔美國人哲學的雄辯言詞，他們對人性與不義提出了抗爭的呼喊與深刻的思索。道格拉斯（Frederick Douglass）原本是奴隸，後來成為廢奴運動的主要倡導者。杜博斯（W. E. B. Du Bois）分析美國黑人身分認同的複雜性，並且為所謂的「黑色驕傲」辯護。金恩博士（Martin Luther King, Jr.）提倡完全整合的社會觀點，而性格迥異於金恩的麥爾坎・艾克斯（Malcolm X）則反對種族壓迫。介紹到此，已經超越了我們的故事進度；在越過大西洋前往美國之前，仍應回顧十九世紀的歐洲。我們必須回到歐洲，因為各種思想潮流即將在此出現。

尼采的預言

一九〇〇年八月，尼采去世。尼采在神智仍清醒的最後幾年，曾對即將到來的新世紀提出可怕的預言。這個令人畏懼的時代將親眼目睹「上帝之死」的實現、現代腐敗與不信仰的痛苦、憎恨的暴力結果，以及令人難以承受的真理：世上沒有「真理」。尼采預言，人類將會不顧一切地尋找新的神祇，如果失敗，將會轉而尋找「領袖」（führers）。他也預言人類將尋找新的神話或意識形態，甚至還預言世界將經歷前所未見的戰爭。遺憾的是，兩次世界大戰很快就印證了他的先見之明。

32

返歸基本原理

——弗雷格、羅素與胡塞爾

從繁榮到傾頹

無論哲學有多抽象，也不管哲學自稱有多「永恆」或「不合時宜」，哲學絕非孤立於時空之外，也絕非與時空毫無關聯。哲學可以預言，可以懷舊，也可以是反映文化的一面鏡子，但哲學最常見的，還是以抽象方式表達社會的理想與渴望。啟蒙運動表現出對人類理性能力的希望、樂觀與信仰，相信人類能學習世界的知識，並能創造和平與繁榮的社會。在二十世紀初的歐洲，這些希望與樂觀的態度仍相當盛行，因為近一個世紀以來，歐洲從未出現全面性的大規模戰爭。儘管如此，啟蒙運動及其態度正走上崩潰之路，如尼采對兩千五百年前蘇格拉底時期的希臘所做的診斷，在此衰頹的氣氛中，哲學可以作為一種逃避世界紛擾的工具。不過，現在的逃避路線並非朝向彼世，而是朝向「觀念世界」，也就是純粹且精確的數學與邏輯學世界。

朝向數學與邏輯世界的哲學家

弗雷格（Gottlob Frege）是政治立場保守的德國數學家，他重新激起人們對邏輯學的哲學興趣。弗雷格試圖找出算術的「基礎」，以演繹的方式證明「二加二等於四」這類基本恆等式必然為真。從亞里斯多德以降，邏輯學一直是研究命題與命題之間關係的學問，弗雷格則擴大邏輯學的內容，創造了量化邏輯（與「全部」、「有些」、「無」等範疇有關），使其成為今日哲學家熟知與沿用的知識。正如笛卡兒與洛克沿著知識論大道發展現代哲學，弗雷格也沿著邏輯學與語言分析之路發展當代哲學。「語言學轉向」是個令人興奮的突破，它試圖以「分析」哲學為基礎，解釋所有的理論。

在英格蘭，羅素（Bertrand Russell）這位年輕的極端自由主義貴族讀了弗雷格的著作。在弗雷格的啟發下，羅素證明光憑邏輯就能證明算術的基本命題（據說，羅素在這方面的興趣最早開始於十一歲，這個叛逆的年輕天才被訓斥不許質疑算術表，只需記誦）。羅素與另一個志趣相投的數學家懷德海（Alfred North Whitehead）合作撰寫了兩部經典巨作《數學原理》（*Principia Mathematica*），有效地將算術簡化成一套邏輯公理。直到今天，仍有哲學家認為，只有邏輯學才算是「真正的」哲學。

羅素是英國傑出的經驗論者、科學家與唯物論者，也是我行我素的原子論者（atomist），他相信結構簡單的語言（句子，或是更恰當地說，命題）可以指涉到簡單的經驗，而這些經驗又是由簡單的現實（事實）所引起。在知識理論與邏輯學上，羅素都是個極簡主義者（minimalist）；他試著把世界的複雜以及我們對世界的經驗，化約成最簡單的「原子」成分。根據羅素創立的學派主張，哲學應該以分析為主，分解成分，並且理解這些成分如何結合起來（相反地，英國的黑格爾主義者總是堅持，每件事都連結著其他事，無法掌握全體就無法理解部分）。因此，我們的語言也必須加以澄清、改善與「觀念化」，必須根據邏輯重新理清文法，以便更精確地反映世界的結構。

之後，羅素的注意力轉向其他較世俗性的事務。他寫了一本暢銷的哲學史，並且針對基督教與一般教會進行一連串具爭議的攻擊。羅素公開為日後所謂的「自由戀愛」辯護，卻也直言不諱地主張必須對性行為負責。羅素大力反對軍國主義（militarism），並協助推動反核運動。他在漫長人生將盡之時，寫了一部情感懇切且優雅的自傳，總結他的政治信念、對哲學的愛以及，客氣一點說，對愛情的愛。羅素也宣稱，如同第一次世界大戰所顯示，「世界是恐怖的」。相較之下，形式哲學雖能提供庇護，但終究是虛擲光陰。

在此同時，仍然在尋找方向的德國數學教授胡塞爾（Edmund Husserl），在德國經驗論者的影響下完成了算術哲學。胡塞爾不同於羅素及懷德海，他認為算術的基本命題並非立基於邏輯，而是對經驗相當抽象的普遍性論述（約翰・彌爾在幾十年前也提出相同的看法）。弗雷格則是全面駁斥了胡塞爾的說法，使得胡塞爾改變了心意，這對哲學家來說很不尋常。於是之後，胡塞爾與羅素及懷德海一樣，認為算術實際上是「先驗」科學。不同的是，羅素與懷德海的分析基礎是邏輯學，胡塞爾則是發展出全新的哲學方法，來探究必然真理的本質。他稱之為「現象學」（phenomenology）。

胡塞爾將現象學定義為對意識根本結構的科學研究，但現象學並不代表表象與裡層的實在之間存在著對立（「現象學」一詞源自於希臘文，意指「表象」〔appearance〕。康德則曾用「現象」〔phenomenon〕一詞指稱我們的經驗世界）。胡塞爾表示，藉由描述意識結構，我們可以找到確定性，其中包括他身為數學家不斷尋找的算術基礎。為此，胡塞爾描述了獨特的現象學觀點：意識被視為是「意向性的」（intentional），也就是說，意識總是朝向某個客體，不管它是物質的，還是跟數學一樣是「觀念的」。要獲致現象學觀點，必須透過一連串現象「還原」（reduction），亦即描述意識的本質特徵（即意識的「意義」）。胡塞爾認為這些意義（就像康德的範疇）是普世且必然的，同時也反對歐洲（與美國）哲學瀰漫的一股「相對主義」（relativism）風潮。

胡塞爾晚年時，納粹已逐漸掌握德國政局，世界也戰雲密布。因此，胡塞爾對人類知識的興趣，轉而朝向社會層面與「存在」層面。同時他也警告，歐洲文明將因相對主義與非理性主義的猖獗而陷入危機（同一時間，維也納的邏輯實證論〔logical positivism〕者也提出相同的警告）。

33 理性的限制——維根斯坦、佛洛伊德與韋伯

橫空出世的哲學天才

一九一一年，有一個出身維也納望族、神情緊張、才華洋溢且富裕的年輕貴族，出現在羅素的劍橋寓所門前。維根斯坦（Ludwig Wittgenstein）是個天才，這一點無庸置疑，而在羅素收他為徒之後不久，便承認自己已將畢生所學完全傳授給這名年輕的邏輯學者。維根斯坦精通新邏輯學，採取其師羅素的極簡主義與原子論觀點，在短短幾年內改變了哲學的面貌，雖然這個結果跟他自己原先想像的有些差距。

一次世界大戰期間，維根斯坦完成了《邏輯哲學論》（*Tractatus Logico-Philo-*

sophicus），一九二一年由老師羅素安排出版，作品才剛問世，就被奉為哲學經典。《邏輯哲學論》與尼采的作品頗為類似，都是由仔細編排的格言拼湊而成的作品；不過，不同於尼采自我質疑風格，維根斯坦毫無愧色地提出自己的主張，甚至帶有獨斷色彩。《邏輯哲學論》看似是邏輯學作品，一部古典邏輯原子論的宣言，是羅素所說的，用來「描繪」極簡主義式簡單事實的極簡主義式簡單句子。這本書一開頭就說：「世界是所有發生的事情。」（The world is everything that is the case.）其餘的部分則是針對句子（或者較恰當的說法，命題）如何描繪世界的問題所提出的答覆。

不過，從哲學的觀點來看，《邏輯哲學論》最有趣的部分與理性的限制有關，這裡可以明顯看出維根斯坦受到叔本華、尼采以及幾個世代之前日耳曼浪漫主義者的影響。理性試著要做卻做不到的，就是研究自身；理性無法為自身設下限制，甚至無法描述自身的限制（「我並不身處於我的世界之中，我是我的世界的疆界」）。人們無法說明什麼事物存在於理性的限制之外，也無法說出「不可言說的事物」。處於科學理性限制之外的則是價值的問題，以及關於價值、上帝與宗教的問題。《邏輯哲學論》在最後指出一條明路：「凡是無法說出的，就應該保持沉默。」這並不是單純的同語反覆，而是相當深刻的神祕主義，沉默地指出哲學的疆界與理性的限制之外存在著繁多經驗。

在不到八十頁的小書中說了「所有他必須說的」之後，維根斯坦就離開哲學界。他成為小學教師，幫姊姊蓋了一棟房子，作了一些曲子，並且消失於劍橋。到了一九二九年，維根斯坦重操哲學舊業，重新思索過去的作品，不僅努力從事新的哲學邏輯形式，也致力理解關於斯多葛學派以及前輩叔本華與尼采的焦慮與痛苦。這些主題並未實際出現在他於劍橋及其他地方的哲學討論中，因此，獲聘為劍橋大學哲學教授（「一個荒謬的職業」）不久後，他再次退出學術界，並且致力整合自己龐大的新懷疑與新思想。

在《邏輯哲學論》之後，維根斯坦少有作品問世。他明確反對邏輯原子論和語言「描繪」世界的觀念，認為句子的意義取決於句子被「用來從事」某項事情的方式。我們使用句子進行對話：溝通、質問、挑戰、說笑話、要奶油、談論哲學、說故事、辯論、承諾與宣布。因此，語言的基本單位不是簡單句子，而是更大的「語言遊戲」，亦即具有許多目的與目標的「生命樣貌」，它們多半與追尋真理無關。

《邏輯哲學論》對哲學仍抱持正面的尊重、乃至於尊崇的態度，但之後維根斯坦的《哲學研究》（*Philosophical Investigations*）卻威脅要將哲學轉變成某種思想病症——不知是幸還是不幸——唯有更多的哲學，才能治療這種病症。哲學因此成了某種療法。

人們試圖追求無所不包的形式理論，然而，這種想法遭到哥德爾（Kurt Gödel）邏輯學的當頭棒喝。哥德爾於一九三一年提出「不完備證明」，認為多數形式體系中總存在某些無法證明的句子。不完備證明的哲學結論至今仍有爭議，但是，幾個重要的數學家與哲學家因此而放棄追求理想的形式語言。

佛洛伊德談人的心靈

佛洛伊德（Sigmund Freud）通常不被視為哲學家，這是哲學界的損失與恥辱；無論如何，佛洛伊德的觀念為二十世紀建立了思索心靈、人性、人類狀況與人類幸福展望的架構。根據佛洛伊德的反啟蒙觀念，人類通常不知道也無法知道自身心靈的運作方式（根本上，人類是非理性、必定不快樂的生物）這種觀點成為往後幾個世代哲學家與社會思想家的前提，或至少是必須面對的問題。另一方面，佛洛伊德帶給世界的啟蒙觀念至今仍主導著心靈科學：心靈終究是物質構成的實體（就像大腦），可以透過神經學、能源電路與物理學語言的角度加以分析。因此，「事出必有因」的觀念（即使是「筆誤」與「口誤」，即使是遺忘與做夢，都能加以解釋）仍是二十世紀心理學與批判主義的基本預設，更不用說是大眾心理學。

人們總能找到某些觀念的前驅者，「潛意識」一直是幾個世代德國哲學家（包括尼采）的討論主題。佛洛伊德為這項討論增添了「壓抑」的概念，並且補充說明，被壓抑之物雖然有違常理，在精神上仍處於活躍狀態。維多利亞時代的好公民對佛洛伊德的說法感到憤怒，因為他提出人們最不願聽到的人類行為解釋：人類行為在本質上充滿了下流、謀殺與亂倫的動機。至此，啟蒙運動人性本善的主題暫告一段落：性錯亂（perversion）甚至更糟的狀況無所不在，只是暫時被壓抑；不幸福是不可避免的，文明就是造成不幸福的主因。

韋伯論資本主義與現代西方社會結構

德國社會學家韋伯（Max Weber）的學說補充了佛洛伊德與維根斯坦作品的不足，然而，他在這方面的貢獻至今仍未獲得應有的評價。韋伯特別關注哲學界最喜愛的主題：理性。他認為，理性已陷入科層化的陷阱中，無論科層化當初得到什麼樣的祝福，今日的它已成為詛咒，完全失去了精神性。

韋伯最著名的論點是，資本主義連同其帶來的現代西方社會結構，是新教造成的結果。在《新教倫理與資本主義精神》（*Protestant Ethic and the Spirit of Capitalism*）中，韋伯認為嚴苛的喀爾文派哲學及其核心的救贖預定說，使得數百萬人陷入不可解的焦慮中。新教徒覺得有必要「證明」自己此生的價值，因而狂熱工作並且過著禁欲的生活。當然，任何程度的成功都無法弭平內心的焦慮，但是焦慮引發充滿活力的企業精神；而在努力與完善管理之下，至少可以為自己賺得大量金錢。

34 歷程的進展——反對分析

懷德海的歷程哲學

懷德海與羅素共同完成《數學原理》之後，便前往美國，他遠離形式的哲學概念，並且就像維根斯坦那樣，開始懷疑整個西方哲學思潮。之後，懷德海甚至認為，哲學的目的在於將神祕主義理性化，「以有限的語言表達宇宙的無限」，並且對「不可說明的深刻性產生直接的洞察」。這明顯不是過去那位與羅素合著《數學原理》的哲學數學家會有的語言或情感（羅素後來坦承，他完全無法理解懷德海的新哲學）。

根據懷德海的新「歷程」（process）哲學，大多數西方傳統哲學家使用的模式與隱喻，都是對永恆與無時間的靜態隱喻；只有從數學邏輯基礎的興趣中，以及曾經虜獲早期希臘哲學家無時間真理的一般幻想中，這些隱喻得到助力。西方哲學一直以「實體」、「本質」與「客體」這類範疇為基礎，並以永久性及邏輯必然性為其理想；然而，西方哲學史上還存在著另一種隱喻，一種反潮流，此即變遷、進展、歷程的隱喻。人們可以在赫拉克利圖斯身上找到這種隱喻，甚至也能在亞里斯多德、黑格爾、達爾文與尼采身上找到。

柏格森談「綿延」

在歷程的實在觀點發展中，最具影響力的人物是法國哲學家柏格森（Henri Bergson）。柏格森的哲學主張「綿延」（duration）觀念，也就是變遷的實在。他認為不只事物的性質會變遷（藍色的事物變成紅色，年輕的事物變老），生命本身的實質即是變遷；此外，他也認為概念是靜態與片面的。當我們試著分析事物，就扭曲並改變了事物，我們採取某一個觀點，放棄另一個觀點；凍結在時間中的事物而未能理解事物的發展，也就無法理解事物的「生命」。分析必然無法令人滿意，因為事物存在著無限的角度與無盡的片刻。

儘管不那麼直接，柏格森可謂羅素邏輯原子論及其分析方法的競爭對手。不過，有別於羅素其他的對手，柏格森不只是改變了分析方法，還堅持哲學應該完全拒絕分析。他告訴我們，形上學是「免除象徵」的學科，因此，形上學家處於必須表達「無法表達之物」的窘境。此外，柏格森不只反對簡單事實、簡單事物與簡單感官作用的觀念，也反對哲學含有事實、事物與感官作用的觀念。他的本體論基本上是變遷的本體論，這種變遷不限於單一事物或其性質，而是變遷本身，變遷作為一個整體。

懷德海與柏格森不同，他仍熱愛數學，相信關於「永恆客體」的柏拉圖主義，並且對科學（尤其是新物理學）有濃厚的興趣。雖然如此，兩人對傳統哲學的攻擊卻大致相同。懷德海抱怨，目前的哲學範疇仍殘留著十七世紀科學的內容，這些範疇將重點放在不動的物質客體上，將靜態又「無綿延性」的片刻加以概念化，並扭曲我們的經驗。它們「無視於時間」。懷德海與柏格森相同，都認為哲學應採取一套新範疇，放棄對客體的重視，並且將焦點放在「事件」上；至於事件，則不可視為靜態的瞬間（如同「快照」），而應視為一連串實現過程的片刻。懷德海也不再關注無生命的客體，而是將注意力放在有機體的觀念上，即「事件透過各種形態而成為存有」；有機體是「充滿活力的」，而非靜態。懷德海將過去浪漫主義的範疇「創造力」（creativity）引入二十世紀哲學中。不只哲學家必須有創造力、「思辨性」與想像性，自然本身也同樣具有創造力、新奇性與想像性。因此，哲學家的任務是創造詩的語言，來捕捉作為歷程的實在。

35 生命的悲劇性意義
——烏納穆諾、克羅齊與海德格

悲觀主義的再興

兩次世界大戰之間的哲學特徵是悲觀主義再起。第一次世界大戰的恐懼摧毀了歐洲殘留的啟蒙運動信念，各國政府陷入騷亂中，尤其是戰敗國義大利、德國，以及戰後陷入當代最血腥內戰的西班牙。烏納穆諾（Miguel de Unamuno）是西班牙最偉大的哲學家，而他也為自己具有西班牙獨特風格的哲學感到自豪。烏納穆諾以優雅筆調寫出「生命的悲劇性意義」，說出生命的焦慮、殘忍和沮喪。烏納穆諾代表個人的聲音，他為誠實與正直熱情呼喊，使哲學家聯想到「牛蠅」般的蘇格拉底，並且表現出人類思想中最好的一面。

克羅齊（Benedetto Croce）是繼維科之後最偉大的義大利哲學家，他在墨索里尼掌權時挺身反對法西斯主義（fascism）。克羅齊的哲學具有政治性，卻以精神哲學的面貌呈現。他的哲學導師是黑格爾，他也黑格爾一樣，強調人類意識的發展，這種思維和他的同胞維科大致相同。但是，克羅齊堅持歷史正逐漸被削弱。歷史展現出自發性與不可預測性，是自由與自由個人的成果；歷史結構不是被發現的，而是這些自由個人所創造的。克羅齊與黑格爾一樣，最終認為人性的歷史就是自由逐漸抬頭的歷史。

海德格談存在

海德格（Martin Heidegger）是胡塞爾的學生，和老師不同的是，海德格主要關切的不是哲學方法，也不是胡塞爾毫無情感的數學與「形式科學」研究。他在成為現象學家之前是神學系的學生，關心的是存在的問題：如何在複雜又混亂的世界裡生存，以及如何過著「本真」——正直——的生活。為此，從《存有與時間》（*Being and Time*）開始，海德格提出一連串煽動卻又難以捉摸的建言。

海德格回溯最早的希臘哲學家作品，也就是在哲學還沒被形上學與主觀性汙染的時期，他試圖顯示如何建立真正的整體論哲學。海德格反對心靈與身體二元論、主體與客體的區分，以及「意識」、「經驗」與「心靈」的觀念。「此在」（德語：Dasein）是存有的名稱，該存有的視角決定了描述世界的方式。此在是「在世存有」，是「單一現象」。海德格的早期哲學主要在尋求「本真性」（德語：Eigentlichkeit），或者更好的說法是「屬己性」（own-ness），這帶領我們重新回到自我本質與生命意義的永恆問題上。

什麼是自我（the self）？首先，自我僅僅是他人投射出的角色，如兒子、女兒、學生、惱怒的玩伴、聰明的朋友，這樣的自我是社會建構物，是**常人**[8]，不具本真性，當中沒有任何成分是「我自己的」；相反地，**本真的自我**是在深刻的獨特自我認知片刻中發現的，特別是在人們能正視自己是「朝向死亡的存有」時。然而，知道「我們終將一死」仍然不夠，海德格認為這只是客觀真理，仍不具本真性。真正重要的是「人們自己的」死亡，如此一來，人們的「屬己性」才能面對自身的道德。我們在烏納穆諾身上也找到類似的說法，至少就這個意義來說，海德格也承認「生命的悲劇性意義」。

海德格的哲學是劃時代的成就，也是二十世紀最具力量與影響力的哲學之一；不過，海德格依然沒有資格升起勝利的旗幟。相較於烏納穆諾與克羅齊不顧自身安危，公開抨擊法西斯主義，海德格在一九三三年加入納粹（於次年退出）。他與納粹互通聲氣的醜聞造成了難題：海德格的哲學是否表現了他的政治立場與性格？

8 編注：常人（das Man），亦可見翻譯為「眾我」。根據海德格爾的觀點，「常人」代表了現代社會中人們傾向於遵循社會期望和規範，而不去質疑自己的存在或進行真正的自我反思。

36 法西斯主義激起的哲學思潮

——實證主義與存在主義

邏輯實證論對非理性的攻擊

第二次世界大戰於一九三九年爆發，納粹也在此時開始消滅歐洲猶太人、天主教徒、吉普賽人、同性戀者和其他少數族群。納粹的興起、戰火的延燒和集中營的恐怖，激起了兩股激進的哲學運動：一個以各種形式正面攻擊非理性，另一個則承認非理性是人類狀況，但是認為人類必須以負責的態度面對這種狀況。前者是邏輯實證論，大致上以維根斯坦早期哲學為基礎，但是其根源可上溯至休謨與英國經驗論；他們自豪於實事求是與科學，並且對荒謬毫不寬容。後者則是存在主義，起源於齊克果與尼采，並採用胡塞爾的現象學作為其方法。雖然這兩個運動之間存在著許多差異，但是都主張人不應受情感影響、應該誠實無欺。

邏輯實證論者堅持科學與邏輯精確，並且責怪日耳曼浪漫主義粗率的不切實際造成納粹恐怖暴行；他們將價值問題擺在一旁，認同維根斯坦在《邏輯哲學論》末尾所說的話，主張價值問題不可理解，因此不該加以討論。羅素認為倫理學純粹是主觀的，是情感而非邏輯與理性，邏輯實證論者也同意這一點；不過，這也使得倫理學的地位陷入曖昧不明或搖擺不定的窘境。如果哲學家不責難不道德之事，誰來做這樣的工作呢？邏輯實證論者致力於延續啟蒙運動精神，實際上卻將倫理學放逐於哲學之外。

在早期的邏輯實證論者中，有許多是具有物理學家與數學家身分的哲學家，他們的立場明顯偏向科學，而他們的方法也明確區分事實與價值。邏輯實證論者主要關切的是區別有意義與無意義的假說，前者是科學可以思索也應該思索的，後者只是浪費時間，並且將造成無法解決的意見分歧。而他們用來進行區分的工具、標準，是建立在「可檢證性」（verifiability）的觀念上，假說是否具有意義，取決於該假說能不能以證據加以檢證。這個做法很快就擴張到用以檢證所有句子。邏輯實證論者認為，世上的謬論已經夠多了，哲學家的工作就是盡力確保謬論不再增加。

奇怪的是，存在主義者儘管或許是二十世紀最傾向道德主義或最道德化的哲學家，他們似乎也規避倫理學。海德格斷然地指出，他不提出任何倫理學，也蔑視那些在「虛妄的價值之海上釣魚」的人，而他自身的政治選擇似乎也證實了他觀念中的無道德性。就連卓越的道德學家沙特（Jean-Paul Sartre）也接踵海德格的說法，認為自己主張的存在主義並非倫理哲學。不過，存在主義拒絕的是某種貧乏、「資產階級的」道德概念，某種要求信守承諾、欠債必還與避免醜聞的倫理。存在主義哲學的標語「本真性」，是指正直、責任感，甚至包括戰爭中的英雄行為。

存在主義談個體與責任

存在主義是一場哲學運動，包括了齊克果，或許還有尼采、烏納穆諾和海德格，也許有人會把俄國作家杜斯妥也夫斯基與捷克作家卡夫卡也算在內。當然，這當中也應該包括法國作家卡繆（Albert Camus）。一些熱情擁護者將存在主義運動的源頭上溯到蘇格拉底，但是「存在主義」一詞其實是沙特所創。齊克果的作品啟發了二十世紀深具影響力的宗教存在主義學派（包括田立克〔Paul Tillich〕、布伯〔Martin Buber〕、巴特〔Karl Barth〕與馬塞爾〔Gabriel Marcel〕），但是除此之外，仍有許多存在主義者是無神論者，如尼采、沙特與卡繆，他們認為宗教信仰是一種「哲學自殺」形式。

人們不可誤認存在主義代表一種特別適合現代（甚至「後現代」）大眾社會的態度。若是簡單做個概括，或許可以說，存在主義者關心的是個人本身與個人的責任，他們對於個人被公眾團體或力量吞沒的現象感到疑慮與仇視。因此，齊克果與尼采都攻擊「群眾」[9]，海德格則區別「本真的存在」與社會的（常人的）存在。沙特特別強調，在面對他人以權力影響並逼迫我們的欲望、信念與決定時，自由的個人選擇的

9　編注：這裡的「群眾」（或羊群，原文為 the herd）指的是被動地隨從群體規範和權威的人群，相對於「牧羊人」（the shepherds），是指那些試圖操縱人群的權威。包括尼采在內的許多哲學家都曾用這個隱喻來描述、批評現代社會。

重要性。沙特尤其稱許齊克果的想法，對齊克果而言，熱情的個人選擇與投入是真實「存在」的核心。

沙特不像海德格那樣攻擊笛卡兒的意識觀點，他認為意識（被描述成「為己存有」〔being-for-itself〕）總能自由選擇（雖然沒有不選擇的自由）與自由「否定」（或拒絕）世界的既有狀態。人們可能生來是猶太人、黑人、法國人或殘障者，但是如何造就自我？這些無法選擇的事實是障礙還是優勢？是可以克服的挑戰，還是一事無成的藉口？這些都是待解的問題。人們也許怯懦或羞於選擇，但不選擇也是一種選擇，況且人們總是希望有所改變。面對戰爭的恐怖與納粹的占領，沙特的哲學特別打動人心。

卡繆是小說家與散文家，不是正式的哲學家，但是他以戲劇性的「荒謬」（The Absurd）觀念捕捉到二十世紀的「感受」。我們對理性與正義的要求，與「冷漠世界」之間的對立，其形上意義即為「荒謬」。在《薛西弗斯的神話》（*The Myth of Sisyphus*）中，卡繆將永遠要推著石頭上山的古希臘人物薛西弗斯對比於我們的命運。我們使盡全力對抗徒勞與挫折，卡繆以此呈現哲學的主要問題：生命是否值得活下去？換句話說，我們是否應該自殺？對於第一個問題，卡繆熱情地予以「肯定」；對於第二個問題，則是從道德主義的觀點給出「否定」的答覆。卡繆的薛西弗斯投身於無意義的計畫，並使計畫重獲意義。他認為「人們必須思索薛西弗斯的幸福之處」，且如果人們能夠認同，並也這般投入自己的生活中，乃至於幫助他人，我們也可能得到幸福。

馬塞爾以類似的方式描繪出他所謂的「破碎的世界」。在這個空虛的世界中，哲學被化約為「問題」，人類生命的奧祕也遭受系統性的否定或忽視。不過，馬塞爾與卡繆不同的地方在於，他相信上帝。他和齊克果一樣，堅持我們面對的是最廣大深刻的生命經驗，而非虛妄的客觀性，也就是說，我們不從遠處觀看這些經驗，也不將這些經驗視為單純待解的問題。生命、愛或死亡都沒有「解答」，其中的奧祕正好給予人類生命的意義。

理解存在主義時最常出現的錯誤，是將存在主義對於「意義」與「無意義」的強調和對於自暴自棄或存在「焦慮」的說法混為一談。連卡繆也堅持，荒謬不代表人有自暴自棄的權利。尼采鼓勵我們「歡愉」，齊克果談論「福音」；對海德格與沙特而言，「焦慮」這個相當受重視的情感是人類狀況的核心，是自由與自我覺察的表徵，而非絕望的理由。

西蒙・德・波娃（Simone de Beauvoir）是哲學家與小說家，她和沙特一樣，強調自由與責任感，也就是人必須為「**自己是誰**」負責，也必須為「自身依己意造就的事物」負責。她說出了沙特未曾明言的存在主義倫理意涵。法國社會對於敏感話題的遺忘或拒斥，讓西蒙・德・波娃難以釋懷，而她也訝異於法國社會——實際上各國皆是如此——對女性問題與男女不平等的忽視。因此在《第二性》（*The Second Sex*）中，西蒙・德・波娃運用存在主義理論探討身為女人的特殊「存在」環境，而這本書也成為二十世紀最具影響力的作品之一。

37

哲學發現「他者」

——後現代主義的問題

在哲學中缺席的女性

西蒙．德．波娃提出一個重要的問題：女人都在哪裡？回顧歷史，即使西方哲學在討論時曾提及女人，卻頂多當成補充而非主題。有些女性主義者認為，自蘇格拉底以來，哲學一直以「男性」風格的爭論與對峙為基礎。然而，不可否認的是，哲學一直是避難所，也是一件只有（不論是用什麼方法）免於疲憊體力勞動、營生、或打掃與照顧家庭的人才能享用的奢侈品。正因如此，我們無需驚訝本書討論的絕大多數男性與眾多偉大哲學家，全都是些有錢有閒的單身漢（或通常是神職人員）。在西方哲學史中，談到家庭的部分可說少得嚇人，而一般人際關係在當中扮演的角色也微不足道。

此外，要在哲學界揚名立萬，依靠的不只是天分，也取決於時機、老師、同事、聽眾、出版商、讀者與學生。可悲的是，不管是哪個層次的哲學成功都與女性絕緣，幾乎很少有女性獲准接觸哲學，更別提對哲學產生興趣。在二十世紀之前，幾乎沒有女性能夠接受適當的教育，而那些能研究哲學的女性（例如柏拉圖與畢達哥拉斯的一些學生）也罕能一展長才。假如有某個女性努力傳布自己的觀念並且吸引追隨者，這樣的女性也少有像「其他男孩」那樣得到承認，她的下場很可能是作品無法出版，並從此隱沒於世。我們可以確定，女性在哲學界缺席絕不是因為缺乏天分，而是因為女性哲學家無法像蘇格拉底一樣找到她的柏拉圖，能將她的傳說流傳後世（事實上，即使能找到她的柏拉圖，她的作品也一樣無法出版）。

女性主義哲學挑戰了整個西方傳統（以及其他傳統）。哲學雖然宣稱普世性及其無所不包，卻未曾注意到鄰家婦女，乃至將女性納入其中。哲學從未詢問女性是否對事物有不同的看法，或者女性是否和男性哲學家一樣，以相同的方式提出相同的問題。因此，女性主義在當代哲學引發的最激進變革，就是個人「觀點」成為中心觀念，即尼采所稱的「視角」。不同的人處於不同的位置，可能「看到」不同的世界。因此，視角的多元化可能取代對單一「客觀性」的競逐。

哲學在當代的角色

同樣的指控也可以延伸到哲學對世界其他部分的忽視。直到最近，美國與歐洲哲學家才開始正視亞洲的古老哲學傳統；也是到了最近，他們才稍稍對「第三世界」產生一點興趣。不過，這個時期各文化群體互動、混合與對立的熱絡程度也是史無前例的。隨著世界愈來愈小，人們也益發關切文化群體如何能夠、又該如何一起生活。哲學應該成為這個過程的重要媒介。

至少到目前為止，最能滿足這個目的的哲學是馬克思主義（Marxism）。第二次世界大戰結束後不久，毛澤東發動「農民起義」推翻中國傳統政府，吸引世上所有受壓迫人民的目光。馬克思主義積極結合地方傳統與概念，有人認為，馬克思主義竊取儒家重視的至高無上的個人與家庭權威，並且將家長地位轉移到毛澤東身上。和大多數革命政府一樣，毛澤東的新中國繼承舊政府最惡劣的迫害習性，但是毛派革命仍深獲世上所有貧窮與受壓迫人民的支持。另一方面，聖雄甘地以「非暴力抗爭」領導印度對抗英國的做法，與毛澤東的暴力革命形成驚人對比。隨著亞洲在現代世界的地位與經濟力量逐漸提升，以及非洲與其他美洲各國起而主張自身的傳統，現代哲學勢必受到這兩套孿生戲碼的影響，即革命哲學與非暴力哲學。

在西方，哲學直到最近才被視為是西方的獨特傳統。然而我們認為，世界各地都有哲學，並沒有所謂的單一哲學視角，沒有單一「正確的」哲學方法，也沒有獨特且「真正的」哲學。始於新科學與笛卡兒的現代哲學運動，只是眾多哲學的一項主張。

對傳統「現代」哲學的否認，也成了一種哲學，這一點並不令人意外。後現代主義（postmodernism）是由底層發起的「運動」，主張極權專斷的西方哲學氣數已盡。後現代主義者認為，女性主義與文化多元主義的出現，正是西方傳統哲學即將結束的明證。尋找單一真理的哲學已不復存在，存在的是各種觀點的哲學。事實上，再也沒有真理存在，存在的只有「論述」（discourse），也就是各種討論、思考、書寫與廣播。哲學已不存在中心或「主流」，只有急速擴展的邊緣，以及無數溪流與水坑。如果後現代主義學說最終得到重視，西方哲學傳統將就此終結。

儘管如此，在本書末尾，我們也許可以思考另一種現象，這種現象有時被貼上「新時代」（New Age）哲學的標籤，它集合了各種令人驚異的觀念，從健康的全球思維到來自邊緣的瘋子。儘管後現代主義者認為哲學已窮途末路，而學院哲學又枯燥乏味，但是「新時代」現象顯露出對於哲學的明顯渴求，這預示了哲學的未來。哲學需要加入全新而複雜的全球意識，身為哲學家，這些令人迷惑的觀念以及持續對立的動態關係，讓我們不禁感到興奮。然而，在此同時，我們也對過去哲學理想——追求智慧，而非追求獨特的職業技能或只是智力遊戲——的逐漸喪失感到不安。哲學一直是最能代表人性的學問，我們現在需要的或許不是更精微的思考，而是更大的包容。我們不需要變得更聰明，相反地，應該成為更好的聆聽者。畢竟，哲學是包容世上所有思想的學問，是對智慧的愛好。

進階閱讀

這份書單並未包括哲學原典，因為這些原典有許多種版本，而且非常容易找到。底下開列的書單提供給想要進一步閱讀哲學史的讀者。

【通論性作品】

繁體中文參考書籍

哲學的故事：威爾杜蘭（Will Durant）著，林資香譯，野人出版。

西方哲學史（上下卷）：伯特蘭・羅素（Bertrand Russell）著，何兆武、李約瑟譯，五南出版。

英文參考書籍

Copelston, Frederick. *The History of Philosophy*. 9 vols. Rev. ed. Westminster, Maryland: The Newman Press, 1946-1974.

Flew, Anthony, A*n Introduction to Western Philosophy*. London: Thames & Hudson, 1971.

Jones, W. T. *A History of Western Philosophy*. 4 vols. New York: Harcourt, Brace & World, 1969.

Parkinson, G. H. R., and S. G. Shanker, eds. *The Routledge History of Philosophy*. 10 vols. London: Routledge, 1993f.

Smart, Ninian. *The Long Search*. Boston: Little, Brown, and Company, 1977.

Smith, Huston. *The Religions of Man*. New York: Harper & Row, 1958.

Solomon, Robert C. *Introducing Philosophy*. 6th ed. Fort Worth: Harcourt, Brace, 1997.

Solomon, Robert C., and Kathleen M. Higgins. *From Africa to Zen: An Invitation to World Philosophy. Lanham*, Md.: Rowman and Littlefield, 1992.

Tarnas, Richard. *The Passion of the Western Mind*. New York: Harmony, 1991.

Whitehead, Alfred North. *Adventures of Ideas*. New York: Macmillan, 1933.

【主題性作品】

繁體中文參考書籍

亞里士多德：喬納森・巴恩斯（Jonathan Barnes）著，史政永，韓守利譯，牛津大學出版。

菊與刀：露絲・本尼迪克特（Ruth Benedict）著，呂萬和、熊達新、王智新譯，笛藤出版。

菊與刀：露絲・本尼迪克特（Ruth Benedict）著，陳數譯，海鴿出版。

中國哲學簡史：馮友蘭著，涂又光譯，五南出版。

中國哲學文獻選編，陳榮捷著，楊儒賓、吳有能、朱榮貴、萬先法譯，巨流圖書公司出版。

英文參考書籍

Abraham, W. E. *The Mind of Africa*. Chicago: University of Chicago Press, 1962.

Allinson, Robert E., ed. *Understanding the Chinese Mind*. Hong Kong: Oxford University Press, 1989.

Ames, Roger T., and David L. Hall. *Thinking Through Confucius*. Albany, N. Y: State University of New York Press, 1987.

Appiah, Kwame Anthony. *In My Father's House: Africa in the Philosophy of Culture*. New York: Oxford University Press, 1992.

Barnes, Hazel. *Sartre*. Philadelphia: Lippincott, 1973.

Beck, Lewis White, ed. *Eighteenth-Century Philosophy*. New York: The Free Press, 1966.

Brown, Joseph E. *The Spiritual Legacy of the American Indian*. New York: Crossroad, 1984.

Burnet, J. *Early Greek Philosophy*. 4th ed. London: Black, 1930.

Cassier, Ernst. *The Individual and the Cosmos in Renaissance Philosophy*. Trans. Mario Domandi. New York: Barnes and Noble, 1963.

Chadwick, Henry. *History and Thought of the Early Church*. London: Variorum Reprints, 1982.

Clendinnen, Inga. *Aztecs*. Cambridge: Cambridge University Press, 1991.

Cornford, Francis M. *Before and After Socrates*. Cambridge: Cambridge University Press, 1932.

Crawford, William Rex. *A Century of Latin American Thought*. Cambridge, Mass.: Harvard University Press, 1944.

Crow Dog, Mary. *Lakota Woman*. New York: HarperCollins, 1990.

Dodds, Eric Robertson. *The Greeks and the Irrational*. Berkeley: University of California Press, 1951.

Farrington, Benjamin. *Greek Science*. New York: Penguin, 1944.

Fogelin, Robert. *Wittgenstein*. London: Routledge, 1983.

Glanville, Stephen; *The Legacy of Egypt*. Oxford: Clarendon, 1947.

Guignon, Charles, ed. *The Cambridge Companion to Heidegger*. Cambridge: Cambridge University Press, 1993.

Guthrie, W. K. C. *Greek Philosophy*. London: Methuen, 1950.

Gyekye, Kwame. *An Essay on African Philosophical Thought*. New York: Cambridge University Press, 1987.

Hourani, Albert. *A History of the Arab Peoples*. Cambridge, Mass.: Harvard University Press, 1991.

Jacobson, Dan. *The Story of the Stories: The Chosen People and Its God*. New York: Harper and Row, 1982.

Janik, A., and S. Toulmin. *Wittgenstein's Vienna*. New York: Simon and Schuster, 1993.

Katz, Steven T. *Jewish Philosophers*. New York: Bloch, 1975.

Kenny, Anthony. Descartes: *A Study of His Philosophy*. New York: Random House, 1968.

Kirk, G. S., and Raven, J.E. *The Pre-Socratic Philosophers*. Cambridge: Cambridge University Press, 1957.

Knowles, David. *The Evolution of Medieval Thought*. London: Longman, 1962.

Lloyd, Genevieve. *The Man of Reason: "Male and "Female" in Western Philosophy*. Minneapolis: University of Minnesota Press, 1984.

Mackey, Louis. *Kierkegaard: A Kind of Poet*. Philadelphia: University of Pennsylvania Press, 1971.

Magnus, Bernd., and Kathleen M. Higgins, K. *The Cambridge Companion to Nietzsche*. Cambridge: Cambridge University Press, 1996.

Malandra, William W., trans. and ed. *An Introduction to Ancient Iranian Religion*. Minneapolis: University of Minnesota Press, 1983.

McVeigh, Malcolm. *God in Africa: Conceptions of God in African Traditional Religion and Christianity*. Cape Cod, Mass.: C. Stark, 1974.

Miller, James. *Rousseau and Democracy*. New Haven: Yale University Press, 1984.

Myers, Gerald. *William James*. New Haven: Yale University Press, 1986.

Nicholson, Linda J., ed. *Feminism/Postmodernism*. New York: Routledge, 1990.

O'Flaherty, Wendy Doniger, ed. and trans. *Hindu Myhs: A Sourcebook Translated from the Sanskrit*. Baltimore: Penguin, 1975.

Overholt, Thomas W., and J. Baird Calicott. *Clothed-in-Fur and Other Tales:An Introduction to an Ojibwa World View*. Washington, D.C.: University Press of America, 1982.

Phillips, Anthony. *God, B.C.* Oxford: Oxford University Press, 1977.

Phillips, Stephen H. *Aurobindo's Philosophy of Brahman*. Leiden: Brill, 1986.

Schacht, Richard. *Nietzsche*. London: Routledge, 1983.

Skorupski, John. *English-Language Philosophy 1750-1945*. Oxford: Oxfrod University Press, 1992.

Sluga, Hans. *Heidegger's Crisis*. Cambridge, Mass.: Harvard University Press, 1993.

Solomon, Robert C. *Continental Philosophy since 1750: The Rise and Fall of the Self.* Oxford: Oxford University Press, 1988.

Solomon, Robert C. *From Rationalism to Existentialism: The Existentialists and Their Nineteenth-Century Backgrounds*. New York: Harper & Row, 1972.

Solomon, Robert C. *In the Spirit of Hegel*. New York: Oxford University Press, 1983.

Spiegelberg, H. *The Phenomenological Movement*. The Hague: Nijhoff, 1962.

Stone, Isidor F. *The Trial of Socrates*. Boston: Little, Brown, and Company, 1988.

Tanner, Michael. *Nietzsche*. Oxford: Oxford University Press, 1995.

Taylor, Alfred E. *Aristotle*. Mineola, N.Y.: Dover, 1955.

Taylor, Alfred E. *Socrates*. Garden City, N.Y.: Doubleday, 1953.

Taylor, Mark. *Journeys to Selfhood: Hegel and Kierkegaard*. Berkeley: University of California Press, 1980.

Toulmin, Stephen. *Cosmopolis: The Hidden Agenda of Modernity*. New York: Macmillan, 1990.

Underhill, Ruth M. *Red Man's Religion: Beliefs and Practices of the Indians North of Mexico*. Chicago: University of Chicago Press, 1965.

Vignaux, Paul. *Philosophy in the Middle Ages: An Introduction*. Translated by E. C. Hall. New York: Meridian, 1959.

Walsh, Michael. *Roots of Christianity*. London: Grafton, 1986.

Whale, J. S., D. D. *The Protestant Tradition: An Essay in Interpretation*. Cambridge: Cambridge University Press, 1955.

White, M. *The Philosophy of the American Revolution*. New York: Oxford University Press, 1978.

Woolhouse, R. S. *The Empiricists*. New York: Oxford University Press, 1988.

Zea, Leopoldo. *The Latin American Mind*. Trans. J. H. Abbot and L. Dunham. Norman, Ok.: University of Oklahoma, 1963.

ithink
RI7006

給所有人的世界哲學史

哲學發源不只在希臘？佛陀與斯多葛都談「不期不待不受傷害」？跟著113位哲人掌握縱貫三千年的人類思潮脈動

A Passion for Wisdom: A Very Brief History of Philosophy

● 原著書名：*A Passion for Wisdom: A Very Brief History of Philosophy* ● 作者：羅伯特・索羅門、凱瑟琳・希金斯 Robert C. Solomon、Kathleen M. Higgins ● 翻譯：黃煜文 ● 封面設計：吳郁嫻 ● 協力編輯：李培瑜 ● 責任編輯：吳貞儀 ● 國際版權：吳玲緯、楊靜 ● 行銷：闕志勳、吳宇軒、余一霞 ● 業務：李再星、李振東、陳美燕 ● 總編輯：巫維珍 ● 編輯總監：劉麗真 ● 發行人：凃玉雲 ● 出版社：麥田出版／城邦文化事業股份有限公司／104台北市中山區民生東路二段141號5樓／電話：(02) 25007696／傳真：(02) 25001966、發行：英屬蓋曼群島商家庭傳媒股份有限公司城邦分公司／台北市中山區民生東路二段141號11樓／書虫客戶服務專線：(02) 25007718；25007719／24小時傳真服務：(02) 25001990；25001991／讀者服務信箱：service@readingclub.com.tw／劃撥帳號：19863813／戶名：書虫股份有限公司 ● 香港發行所：城邦（香港）出版集團有限公司／香港灣仔駱克道193號東超商業中心1樓／電話：(852) 25086231／傳真：(852) 25789337 ● 馬新發行所／城邦（馬新）出版集團【Cite(M) Sdn. Bhd.】／41-3, Jalan Radin Anum, Bandar Baru Sri Petaling, 57000 Kuala Lumpur, Malaysia.／電話：+603-9056-3833／傳真：+603-9057-6622／讀者服務信箱：services@cite.my ● 印刷：漾格科技股份有限公司 ● 2023年9月二版一刷 ● 定價380元

國家圖書館出版品預行編目資料

給所有人的世界哲學史：哲學發源不只在希臘？佛陀與斯多葛都談「不期不待不受傷害」？跟著113位哲人掌握縱貫三千年的人類思潮脈動／羅伯特・索羅門、凱瑟琳・希金斯（Robert C. Solomon、Kathleen M. Higgins）著；黃煜文譯. -- 二版. -- 臺北市：麥田出版，城邦文化事業股份有限公司出版：英屬蓋曼群島商家庭傳媒股份有限公司城邦分公司發行, 2023.09
面； 公分. --（ithink；RI7006）
譯自：A Passion for Wisdom: A Very Brief History of Philosophy
ISBN 978-626-310-518-8（平裝）
EISBN 978-626-310-520-1（EPUB）

1. CST: 西洋哲學史

140.9　　112011202

城邦讀書花園
www.cite.com.tw